Die Preßgesetze des Erdballs

Band VIII

Die Preßgesetze des Erdballs

In Verbindung mit dem

Institut für ausländisches öffentliches Recht und Völkerrecht in Berlin

und der

Fédération Internationale des Journalistes

Herausgegeben von:

Dr. Viktor Bruns
ordentlichem Professor des öffentlichen Rechts an der Universität Berlin und Direktor des Instituts für ausländisches öffentliches Recht und Völkerrecht

Dr. Kurt Häntzschel
Ministerialdirigenten im Reichsministerium des Innern, Dozenten für Preßrecht an der Universität Berlin, Vorsitzenden der Internationalen Preßrechtskommission der Fédération Internationale des Journalistes

Band VIII

1931

Verlag von Georg Stilke, Berlin

Das norwegische Preßrecht

von

Fr. H. Winsnes
Rechtsanwalt am Höchstgericht in Oslo

1931

Verlag von Georg Stilke, Berlin

Schettlerdruck, Köthen (Anhalt)

Inhalt.

Literatur. Abkürzungen.

Aulie: Andr. Aulie, §§ 322 und 431 des Strafgesetzes gegenüber § 247. Mitgliedsblatt für die Landesvereinigung der Polizeibeamten, 1928, S. 12—20 u. 43—47.

Getz: B. Getz, Vorläufiger Entwurf eines allgemeinen bürgerlichen Strafgesetzes für das Königreich Norwegen. Erster Teil mit Entscheidungsgründen, Oslo 1887.

Derselbe: B. Getz, Entwurf eines allgemeinen bürgerlichen Strafgesetzes für das Königreich Norwegen, mit Entscheidungsgründen, Oslo 1893.

Hagerup: Francis Hagerup: Allgemeines bürgerliches Strafgesetz vom 22. Mai 1902 und Gesetz über dessen Inkrafttreten, herausgegeben mit erklärenden Anmerkungen und Hinweisen, 2. Ausgabe, Oslo 1916.

Hagerup, Strafferet: Francis Hagerup, Allgemeiner Teil des Strafgesetzes, Oslo 1911.

Hartmann: Carl Hartmann, Die Berichtigungspflicht der Presse. Ein Blatt aus dem norwegischen Preßrecht, Rechtszeitung 1915, S. 241 ff.

Ikr. l.: Ikraftträdelsesloven, Inkraftsetzungsgesetz. Gesetz über die Inkraftsetzung des allgemeinen bürgerlichen Strafgesetzes vom 22. Mai 1902 mit späteren Abänderungsgesetzen.

Kjerschow: P. Kjerschow, Allgemeines bürgerliches Strafgesetz und Gesetz über dessen Inkrafttreten, herausgegeben mit Kommentar, Oslo 1930.

Mil. Strfl.: Militär straffelov, Militärstrafgesetz vom 22. Mai 1902, mit späteren Abänderungsgesetzen.

Morgenstierne: Bredo Morgenstierne, Lehrbuch des Norwegischen Staatsverfassungrechts, I. u. II., 3. Ausgabe, Oslo 1927.

Pressekomitéens forestilling: Vorstellungen des Presse-Ausschusses, Vorstellungen des „Vereins der Konservativen Presse" und der „Vereinigung der Linkspresse" anläßlich der Bestimmungen des vorliegenden Strafgesetzentwurfs. Dokumentensammlung des Storthings, Nr. 63, 1899—1900, vgl. Dok. Slg. Nr. 59, 1900—1901.

Retst.: Norsk Retstidende, Norwegische Rechtszeitung, Oslo.

Röed: Ole Röed, Prozeßberichte der Presse. Mitgliedsblatt des Norweg. Anwaltvereins, Nr. 14, S. 60 ff., Dezember 1928.

Salomonsen: Olaf Salomonsen, Die norwegische Strafprozeßordnung, mit Kommentar, I und II, 2. Ausgabe, Oslo 1925.

Skeie, Avhandlinger: Jon Skeie, Abhandlungen über verschiedene Rechtsfragen, Oslo 1913.

Skeie: Jon Skeie, Über Ehrenbeleidigungen nach norwegischem Recht, Oslo 1910.

S. K. M.: Straffelovkommissionens motiver, Begründung des Strafgesetzausschusses zum Entwurf eines allgemeinen bürgerl. Strafgesetzes, Oslo 1896.

Stang: Emil Stang, Der § 100 des Grundgesetzes, Rechtszeitung 1913, S. 305 ff.

Stang Lund: Fr. Stang Lund, Über Änderungen in unserer Injuriengesetzgebung, Rechtszeitung 1913, S. 401 ff.

Strfl.: Straffeloven, Strafgesetz, Allgemeines bürgerliches Strafgesetz vom 22. Mai 1902 mit späteren Änderungsgesetzen.

Strfprl.: Straffeprocesloven, Strafprozeßordnung, Gesetz über die Verfahrensordnung in Strafsachen vom 1. Juli 1887 mit späteren Änderungsgesetzen.

Thorsen: Th. G. Thorsen, Gesetz über den unlauteren Wettbewerb, herausgegeben mit Anmerkungen und Hinweisen, Oslo 1928.

Urbye: Andreas Urbye, Norwegisches Strafrecht, Oslo 1909.

Wildhagen: C. E. Wildhagen, Über einige Veränderungen in der Injuriengesetzgebung, Rechtszeitung 1913 S. 753 ff.

Gesetzesverzeichnis.

(Bestimmungen, welche vollständig in den Anhang aufgenommen sind, sind mit * versehen.)

Kongeriket Norges grundlov av 17. mai 1814. (Verfassung des Königreichs Norwegen vom 17. Mai 1814.)

*§ 100. Über die Druckfreiheit.

Lov angaaende lotteri og andre lykkespil av 14. juni 1851. (Gesetz betreffend Lotterien und andere Glücksspiele vom 14. Juni 1851.)

§ 1. Bekanntmachungen über ausländische Lotterien.

Lov om forlagsregister og om avgivelse av tryksaker til Universitetsbiblioteket av 20. juni 1882. (Gesetz über Verlagsregister und über Abgabe von Druckwerken an die Universitätsbibliothek vom 20. Juni 1882.)

§ 6. Die Pflicht zur Abgabe umfaßt alle im Reiche gedruckten oder verlegten Schriften usw.

§ 7. Die Verantwortung ruht auf dem Drucker, oder wenn dieser im Ausland wohnhaft ist, auf dem Verleger.

§ 9. Der Verleger ist berechtigt, Bezahlung zu fordern.

Lov om rettergangsmaaten i straffesaker av 1. juli 1887 med senere tillägslove. (Strafprozeßordnung vom 1. Juli 1887 mit späteren Zusatzbestimmungen.)

§ 89. Der Reichsanwalt entscheidet über Anklageerhebung bei Verbrechen durch Druckschriften.

Almindelig borgerlig straffelov av 22. mai 1902 med senere tillägslove. (Allgemeines bürgerliches Strafgesetz vom 22. Mai 1902 mit späteren Zusatzbestimmungen.)

§§ 90, 92/96. Verbrechen gegen die Unabhängigkeit und Sicherheit des Staates.

§ 98. Angriffe auf die Staatsverfassung.

§§ 101/102. Ehrenbeleidigungen gegen König, Regent oder Mitglieder des Kgl. Hauses.

§ 105. Ungebührliche Einwirkung auf die Stellungnahme und Stimmabgabe Dritter in öffentlichen Angelegenheiten.

§ 129. Unbefugte Ausübung eines öffentlichen Amts.

§ 130. Öffentliche unwahre Beschuldigungen gegen öffentliche Behörden.

§ 133. Ungesetzliche Mannschaftswerbung.

§ 135. Öffentliche Verhöhnung oder Aufreizung zum Haß gegen die Staatsverfassung oder öffentliche Behörden usw.

§ 140. Öffentliche Aufforderung oder Verherrlichung von strafbaren Handlungen.

§ 141. Verleitung zur Auswanderung durch falsche Vorspiegelungen.

§ 142. Öffentliche Verspottung oder Verhöhnung von im Reiche zugelassenen Glaubensbekenntnissen.

§§ 153 und 157. Verbreitung von gesundheitsgefährlichen Stoffen, gesundheitsschädlichen Nahrungsmitteln und falschen Heilmitteln.

§ 158. Herbeiführung von Hungersnot oder Teuerung durch Ausstreuung falscher Nachrichten.

§ 211. Unzüchtige Vorträge, Schriften und dergleichen.

*§§ 246—254. Ehrenbeleidigungen.

§ 294. Nr. 1. Schädigungen durch unrichtige oder irreführende Auskünfte.

*§§ 322 und 323. Verbrechen durch Druckschriften.

§ 349. Ruhestörung durch Verbreitung falscher Gerüchte.

§ 371. Herausgabe von falschen schriftlichen oder gedruckten Äußerungen.

§§ 376/378. Öffentliche Verletzung der Sittlichkeit und Ehrbarkeit.

§ 390. Verletzung des Friedens des Privatlebens.

*§§ 428/435. Übertretungen durch Druckschriften.

Militär straffelov av 22. mai 1902 med senere tillägslove. (Militärstrafgesetz vom 22. Mai 1902 mit späteren Zusatzbestimmungen.)

§ 32. Verbrechen oder Übertretungen durch Druckschriften.

Lov om forsvarshemmeligheter av 18. august 1914. (Gesetz über Landesverteidigungsgeheimnisse vom 18. August 1914.)

§ 3. Rechtswidrige Veröffentlichung von Karten, Entwürfen, Skizzen, Photographien usw.

§ 7. Öffentliche Mitteilungen, welche die Ermittlung von Verbrechen gegen dieses Gesetz und gegen §§ 90/94 des Strafgesetzes erschweren.

Lov om domstolene av 13. august 1915. (Gerichtsverfassungsgesetz vom 13. August 1915.)

*§ 131. Öffentliche Wiedergabe von Gerichtsverhandlungen.

*§ 199. Strafbestimmungen für rechtswidrige Wiedergabe von Gerichtsverhandlungen usw.

Lov om utilbörlig konkurrance av 7. juli 1922. (Gesetz über den unlauteren Wettbewerb vom 7. Juli 1922.)

*§ 1. Generalklausel.

*§ 2. Unrichtige oder irreführende Reklame.

*§ 8. Über Zugaben im Kleinhandel.

*§ 9. Herabsetzendes Bereden.

*§ 10. Bestechung Angestellter.

Lov om postväsenet av 8. juni 1928. (Postgesetz vom 8. Juni 1928.)

§ 1. Porto für Druckschriften (Zeitungen und Zeitschriften) wird vom Storthing festgesetzt.

§ 3. Das Monopol der Postverwaltung umfaßt Zeitungen und Zeitschriften nicht.

Lov om indförsel av apotekvarer m. v. av 22. juni 1928. (Gesetz über die Einfuhr von Apothekerwaren usw. vom 22. Juni 1928.)

*§ 3. Übertriebene oder irreführende Reklame für Heilmittel. Bekanntmachungen über rechtswidrige Einfuhr von Apothekerwaren.

Handelsloven av 21. juni 1929. (Handelsgesetz vom 21. Juni 1929.)

§ 12. Verkauf von Waren eigener Erzeugung.

§ 14. Annahme von Bestellungen.

§ 19. Verkauf durch Hausierhandel. Verkauf aus Kiosken.

§ 25. Spezielle Bestimmung über den Hausierhandel mit Zeitungen und Zeitschriften usw.

Lov om aandsverker av 6. juni 1930. (Gesetz über Geisteserzeugnisse vom 6. Juni 1930.)

§ 3. Nr. 3. Über den Nachrichtenschutz der Presse.

1. Kapitel.

Historische Übersicht.

Das norwegische Preßrecht hat sich, wie das Preßrecht der meisten Länder, aus den Bestimmungen über Druckfreiheit und Zensur entwickelt und fällt, soweit es sich um die ältere Gesetzgebung handelt, teilweise mit den Bestimmungen Dänemarks zusammen, mit dem Norwegen von 1380 bis 1814 vereinigt war.

In Norwegen wurde die Zensur im Jahre 1539 durch Annahme der dänischen Kirchenordonnanz von 1537 eingeführt. Diese wurde durch die norwegische Kirchenordonnanz von 1607 abgelöst. Diesen Kirchenordonnanzen zufolge sollte die Zensur von den Superintendenten (Bischöfen) und der Universität ausgeübt werden. Jedoch hatte sie für die Drucktätigkeit in Norwegen keine größere Bedeutung, da es zu dieser Zeit dort überhaupt keine Buchdruckereien gab; die ersten bekannt gewordenen sind aus dem Jahre 1643.

Im norwegischen Gesetz Christians V. vom 15. April 1687 wurde diese Zensur durch die Bestimmungen im 2. Buch, 20. Kapitel, verankert und teilweise erweitert, und blieb unverändert in Kraft, bis eine vollständige Druckfreiheit ohne „Zensur und Approbation“ durch Reskript vom 14. September 1770 eingeführt wurde.

Damit die durch dieses Reskript gewährte Druckfreiheit nicht mißbraucht werden könne, wurde durch Reskript vom 7. Oktober 1771 jedem Verfasser die Verantwortlichkeit dafür auferlegt, daß seine Schrift nicht gegen geltende Gesetze oder Verordnungen verstoße; den Buchdruckern wurde auferlegt, keinerlei Bücher oder Schriften zu drucken, deren Verfasser ihnen unbekannt war, da sie sonst gegebenenfalls selbst zur Verantwortung gezogen würden; zu diesem Zwecke wurde auch verboten, Bücher zu drucken, auf welchen der Name des Verfassers oder des Buchdruckers nicht angegeben war.

Durch Reskript vom 20. Oktober 1773 an den Polizeichef in Kopenhagen, dessen Geltungsbereich unmittelbar darauf auf „Alle Reiche und Länder des Königs“ ausgedehnt wurde, wurden speziell Zeitungen, Wochenschriften und ähnliche Schriften ernstlich daran erinnert, daß in ihnen nichts enthalten sein dürfe, was den Staat, die Regierung oder öffentliche Veranstaltungen anginge, ebenso wie die Grenzen der Druckfreiheit im übrigen angedeutet wurden. Die Herausgeber von Zeitungen und anderen periodischen Veröffentlichungen, die dem zuwiderhandelten, sollten selbst hierfür zur Verantwortung gezogen werden. Durch Reskript vom 3. Dezember 1790 wurde das Reskript vom 7. Oktober 1771 auf das strengste wiederholt und verschärft.

Die Druckfreiheit unter Aufhebung der Zensur, welche so liberal durch das oben erwähnte Reskript vom 14. September 1770 gewährt wurde, war in Wirklichkeit durch die späteren Reskripte und die Praxis wieder eingeschränkt worden und am 27. September 1799 erging eine neue Verordnung, „welche die Grenzen der Druckfreiheit näher bestimmt und erläutert". Diese Verordnung erfolgte im besonderen Hinblick auf die Presse und ist nach Sinn und Sache das erste allgemeine norwegische Preßgesetz. Noch hält sie, jedenfalls im Prinzip, die Druckfreiheit ohne Zensur aufrecht, bestimmt aber auf der anderen Seite, daß „niemand die Buchdruckerkunst ausüben dürfe, ohne dazu königliches Privilegium erhalten zu haben".

Was insbesondere die Presse anbetrifft, so war es ein weiteres Hindernis für ihre freie Entwicklung, daß den Buchdruckern auferlegt wurde, dem Polizeimeister des Ortes ein Exemplar von „allen Zeitungen, Journalen und periodischen Blättern" zuzustellen, bevor solche an andere verteilt oder verkauft würden. Der Polizeimeister konnte den Verkauf ohne weiteres verbieten, wenn er „etwas Strafwürdiges oder Anstößiges in solcher Schrift" fand. Die vorgeschriebene nachfolgende Prüfung des Verbots durch die Kanzlei war unter den gegebenen Umständen ziemlich illusorisch.

Von den Einzelbestimmungen der Verordnung seien im übrigen nur die Vorschriften der §§ 16, 17 und 19 erwähnt, wonach keine anonyme Verfasserschaft erlaubt war, gleichgültig, ob es sich nun um Presseartikel oder auf andere Weise herausgekommene Schriften handle.

Die Druckfreiheits-Verordnung von 1799 wurde zum wesentlichen Teil durch das Strafgesetz vom 20. August 1842 aufgehoben, welches in seinem 25. Kapitel neue Bestimmungen „über Verbrechen durch Druckschriften und dergleichen" enthielt. Ganz aufgehoben wurde sie erst durch das jetzt geltende Strafgesetz vom 22. Mai 1902, welches das Strafgesetz von 1842 ablöste und am 1. Januar 1905 in Kraft trat.

Der Vollständigkeit halber sei hinzugefügt, daß das Strafgesetz von 1842 durch ein Gesetz vom 29. Juni 1889 einer Revision unterworfen worden war, durch die u. a. eine Änderung in Kapitel 25 § 8 bezüglich der Teilnahme an Verbrechen durch Druckschriften verfügt wurde.

Was die eigentliche Preßgeschichte in Norwegen anbetrifft, ist nur zu erwähnen, daß man die „Norske Intelligenz-Seddeler", welche mit ihrer ersten Nummer am 25. Mai 1763 erschienen, als Norwegens älteste Zeitung ansieht. Die voraufgegangenen Versuche, eine periodische Presse in Norwegen zu schaffen, sind bedeutungslos.

Laut der Poststatistik waren in Norwegen bis Ende 1929 1017 Zeitungen und Zeitschriften zum Postversand angemeldet, verglichen mit der Bevölkerungsmenge des Landes ein recht ansehnliche Zahl.

Die Interessen der Presse und der Presseleute werden von einer Reihe von Organisationen wahrgenommen; die vornehmste ist der „Norwegische Presseverband", der 1910 begründet wurde und aus Journalisten aller politischen Lager besteht. Neben ihm gibt es eine Reihe Vereinigungen von Zeitungen und Journalisten, teils politischen, teils unpolitischen Charakters. Von diesen sei nur die „Norwegische Zeitungsbesitzervereinigung" und die „Vereinigung der Osloer Zeitungen" samt „Oslo Journalist Klub" erwähnt.

2. Kapitel.

Die Quellen des geltenden Preßrechts.

Norwegen hat kein allgemeines Preßgesetz. Die Rechtsregeln, welche besonders für die Presse gelten, müssen in einer Reihe verstreuter Gesetzesbestimmungen gefunden werden, und wo Gesetzesbestimmungen fehlen, sind es allgemeine Rechtsregeln, welche, der besonderen Beschaffenheit der Fälle angepaßt, zur Anwendung kommen. Im großen und ganzen nimmt die Presse rechtlich betrachtet keine Sonderstellung ein, weder hinsichtlich der Bedingungen für ihre Tätigkeit in rein erwerblicher Beziehung, noch hinsichtlich der Grenzen, welche die Rechtsordnung im übrigen für die Handlungen der Bürger in zivilrechtlicher und strafrechtlicher Hinsicht zieht.

Die wichtigsten Gesetzesbestimmungen für die Presse sind in allererster Linie § 100 der Verfassung, der verfassungsmäßig Druckfreiheit zusichert. Ferner das Kap. 23 des Strafgesetzes über Ehrenbeleidigungen sowie die Kap. 32 und 43 über Verbrechen und Übertretungen durch die Presse. Das Militär-Strafgesetz enthält in § 32 Bestimmungen darüber, welche strafbaren Handlungen durch Druckschriften, sofern der Verfasser seinen Namen nicht genannt oder sich nicht auf andere Weise als Angehöriger der bewaffneten Macht zu erkennen gegeben hat, als militärische Verbrechen oder Übertretungen angesehen werden sollen.

Außerdem gibt es noch eine Reihe verschiedener Gesetzesbestimmungen, welche speziell die Presse und ihre Wirksamkeit angehen. Die Mehrzahl der hierhin gehörenden Gesetze ist in dem zu Beginn aufgeführten Verzeichnis erwähnt; ihr Inhalt und ihr Anwendungsgebiet wird in dem betreffenden Abschnitt der nachfolgenden Darstellung behandelt werden.

3. Kapitel.

Das Anwendungsgebiet des norwegischen Preßrechts.

Die Presse im engeren Sinne, die sogenannte periodische Presse, umfaßt Zeitungen (Blätter) und Zeitschriften jeder Art, welche regelmäßig in gewissen Zwischenräumen herauskommen. Lediglich in dieser Bedeutung wird das Wort in Norwegen im allgemeinen gebraucht. Indessen umfassen die meisten Bestimmungen, welche für die Presse besondere Bedeutung haben, jegliche Druckschrift, wozu laut § 10, 1. Abschnitt des Strafgesetzes zu rechnen sind „Schrift, Abbildung oder Ähnliches, das durch Druck oder auf andere chemische oder mechanische Weise vervielfältigt wird". Jegliches Produkt, welches unter diese Bestimmung fällt, muß demnach der Presse im weiteren Sinne zugehören. Vgl. Hartmann: Retst. (Retstidende = Rechtszeitung) 1915, S. 244—246.

4. Kapitel.

Gewerbliche Stellung der Presse.

A. Bestimmungen über die Ausübung des Preßgewerbes.

Besondere Bedingungen für die Ausübung des Preßgewerbes schreibt die Gesetzgebung nicht vor. Die Tätigkeit als Zeitungsherausgeber oder Redakteur kann frei von wem auch immer — sowohl von Ausländern wie Inländern — ohne Gewerbeschein oder Nachweis der Befähigung ausgeübt werden.

Hingegen ist die Tätigkeit als Buchdrucker, soweit sie handwerksmäßig betrieben wird, den allgemeinen Regeln für die Ausübung eines Handwerksgewerbes unterworfen. Eine Bewilligung zum Betrieb einer Druckerei wird heute nicht mehr verlangt. Ist die Tätigkeit als Zeitungsherausgeber mit Verlagsbuchhandel verbunden, so wird wegen des letzteren Handelsbrief gefordert.

Herausgeber (Verleger) kann eine einzelne Person, eine verantwortliche Gesellschaft, eine Aktiengesellschaft, ein Verein oder eine Institution sein. Als Redakteur können nur eine oder mehrere physische Personen figurieren. Dies ist nirgends ausdrücklich ausgesprochen, wird jedoch in den Bestimmungen des Strafgesetzes über Verbrechen und Übertretungen durch die Presse vorausgesetzt. Unter Redakteur wird die Person verstanden, welche im besonderen Fall darüber zu befinden hat, ob und wieweit ein Artikel oder eine Mitteilung gedruckt, oder eine Anzeige eingerückt werden soll. Nichts hindert eine Zeitung oder Zeitschrift, mehrere Redakteure zu haben, die entweder gemeinsam der gesamten Publikation oder je einzelnen Teilen vorstehen. Eine Pflicht, eine einzelne Person als verantwortlichen Redakteur aufzugeben, besteht nicht. Die nähere hierhin gehörende Darstellung folgt weiter unten in den Abschnitten über die Preßverantwortlichkeit[1]).

Der Absatz von Zeitungen oder Zeitschriften unterliegt den gleichen Regeln wie der von Büchern; sie werden somit als „Waren" betrachtet. (Retst. 1912 S. 402.) Hieraus folgt, daß der „Hersteller", also der Herausgeber, frei, d. h. ohne Handelsbrief, die Veröffentlichungen, die er herausgibt, von dem Ort aus, wo die Herausgabe stattfindet, oder von einem festen Vertriebsort bei seinem Wohnsitz in der Heimatskommune

---

[1]) S. 32—35, insbes. S. 34.

aus absetzen kann (Handelsgesetz § 12). Das Abonnement folgt gleichfalls den Regeln für „Waren". In dieser Hinsicht ist die wichtigste Bestimmung für die Presse § 14 des Handelsgesetzes, demzufolge Einwohner des Reiches von jedermann Bestellungen auf Waren, die sie selbst erzeugt haben, entgegennehmen können. Auf dem Lande kann dies durch jeden mündigen Einwohner des Reiches, der in der betreffenden Erwerbsgemeinde festen Wohnsitz hat, geschehen[1]). Dem Postreglement zufolge kann an *allen festen Poststellen des Landes, mit* Ausnahme der Aufgabe-Poststelle, auf jegliche Zeitung oder Zeitschrift abonniert werden, die im Inlande erscheint und zum Postversand angemeldet ist. Ausländische Blätter und Zeitschriften können auf allen festen Postanstalten des Reiches bestellt werden.

Im übrigen erfordert der Verkauf von Zeitungen und Zeitschriften sowie von Büchern Handelsbrief, wenn er von einer festen Verkaufsstelle aus erfolgt, und Polizeierlaubnis, wenn er durch Hausierhandel (Kolportage) erfolgt. Jedoch setzt das Gesetz voraus, daß rein gelegentliche Verkäufe von Druckschriften, z. B. von Schriften, die der Förderung religiöser, humanitärer und politischer Zwecke dienen, frei erfolgen können.

B. Ordnungsvorschriften.

Besondere Ordnungsvorschriften für die Presse gibt es nicht viele:

1. § 428 des Strafgesetzes belegt mit Strafe, wer es unterläßt, seinen Namen oder seine Firma sowie den Druckort auf einer von ihm gedruckten Schrift anzugeben. Ausgenommen hiervon sind Stimmzettel, Preiskataloge, Formulare u. ä. Die Ausnahme umfaßt nicht Flugblätter. Diese Bestimmung hat ihre Parallele im Gesetz über Geistesprodukte vom 6. Juni 1930, § 25, wonach „auf gedruckten Werken Auflagenummer, Druckerei, Druckort und Druckjahr angeführt werden soll".

2. § 429 des Strafgesetzes verpflichtet den Herausgeber (Redakteur) einer Zeitung oder Zeitschrift, sich als solchen in dem Blatt oder der Zeitschrift zu bezeichnen. Mit dem früheren Brauch, einen Strohmann als „verantwortlichen Redak-

---

[1]) Vgl. im übrigen das Schreiben des Handelsdepartements vom 6. April 1908.

teur" aufzustellen, hat das Strafgesetz aufräumen wollen, indem es unrichtige Angaben in dieser Hinsicht unter Strafe stellt.

3. Laut § 434 des Strafgesetzes soll derjenige, welcher „öffentliche Blätter, Zeitschriften oder Flugblätter" herausgibt, der Ortspolizei ein Exemplar zustellen, sobald die Verteilung oder Versendung begonnen hat. Diese Vorschrift findet keine Anwendung auf Schriften, welche ausschließlich wissenschaftlichen, künstlerischen oder gewerblichen Zwecken dienen oder Mitteilungen öffentlicher Behörden enthalten.

Übrigens muß zu dieser Bestimmung besonders bemerkt werden, daß sie eine vorherige Genehmigung nicht verlangt[1]).

4. Im Postgesetz vom 12. Mai 1888 § 30 befand sich eine, durch Gesetz vom 6. Juli 1892 aufgenommene, Bestimmung, wonach Herausgeber von „Zeitungen oder Zeitschriften" verpflichtet waren, dem Justiz- und Polizeidepartement ein Gratisexemplar zuzustellen. Diese Bestimmung, welche das Verlangen des Postversandes der betreffenden Schrift nicht zur Voraussetzung hat, ist in dem neuen Postgesetz vom 8. Juni 1928, welches am 1. August 1929 in Kraft trat, nicht wiederholt, und die Vorschrift ist daher als fortgefallen zu betrachten. Allerdings behauptet die Postverwaltung, daß die Bestimmung befolgt werden müsse, da sie nach wie vor im Postreglement enthalten ist. Da aber das geltende Reglement (VI § 27) diesbezüglich auf den in Fortfall gekommenen § 30 im Postgesetz von 1888 verweist und die Bestimmung nicht als eine ergänzende Vorschrift zum Postgesetz, die in Reglementsform erlassen werden kann (§ 25 des neuen Gesetzes) anzusehen ist, muß angenommen werden, daß die Vorschrift zur Zeit keine Rechtskraft hat.

5. Laut Gesetz vom 20. Juni 1882 über Verlagsregister und über Abgabe von Drucksachen an die Universitätsbibliothek soll der Universitätsbibliothek bis Ende Januar jeden Jahres ein fehlerfreies und vollständiges, ungeheftetes Exemplar aller im vergangenen Jahr im Reich gedruckten oder verlegten Schriften, samt zugehörigen Tafeln, zugesandt werden, sofern nicht etwa die Arbeit überhaupt nicht oder nur in Verbindung mit einer anderen Arbeit zur Veröffentlichung bestimmt ist. Die Verantwortlichkeit für diese Einsendung ist dem Drucker auferlegt, soweit von ihm ausgeführte Arbeiten in

---

[1]) Vgl. das weiter oben unter der historischen Übersicht Ausgeführte.

Betracht kommen, oder, falls der Drucker im Auslande ansässig ist, dem Verleger. Sofern die Verantwortung auf dem Verleger ruht, hat dieser bei rechtzeitiger Versendung Anspruch auf Bezahlung der Kosten, soweit sie 10 Kronen, unter Zugrundelegung des Buchhandels-Ladenpreises, überschreiten, jedoch nicht für Tageszeitungen und andere öffentliche Blätter.

Auch diese Bestimmung wird, zugleich mit der Bestimmung über die Einsendung eines Gratisexemplares an das Justizdepartement, im Postreglement in Erinnerung gebracht. Das Postreglement gewährt indes hier, ebensowenig wie hinsichtlich der Einsendung an das Justizdepartement, einen Rechtstitel dafür, daß die Befolgung dieser Pflicht verlangt werden könne.

C. Sonstige Verpflichtungen gegenüber der Öffentlichkeit.

Besondere weitere Verpflichtungen gegenüber der Öffentlichkeit ruhen nicht auf der Presse. So existiert keinerlei Verpflichtung der Presse, die Bekanntmachungen öffentlicher Behörden aufzunehmen, die auch um so weniger geboten ist, als durch öffentliche Anordnung eine „Norwegische Kundmachungszeitung" herausgegeben wird, die verpflichtet ist, neben den öffentlichen Bekanntmachungen des Staates und der Gemeindebehörden einen durch die Gesetzgebung geregelten Kreis von Bekanntmachungen privater Personen zu veröffentlichen. (Vgl. Gesetz vom 19. Juni 1882 über die Herausgabe einer öffentlichen Kundmachungszeitung usw., siehe auch Gesetz vom 1. April 1876 über die Herausgabe einer Gesetzeszeitung und die Bekanntmachung von Gesetzen usw.)

Ebensowenig besteht in irgendwelcher anderen Beziehung der Presse gegenüber eine Handhabe zur Anwendung von Zwang zu öffentlichen Zwecken. Dies müßte gegebenenfalls durch eine Enteignung infolge besonderer Rechtstitel geschehen, die es zur Zeit nicht gibt, und es müßte laut § 105 der Verfassung voller Ersatz seitens der Staatskasse geleistet werden. Wenn eine solche Enteignung eine Einziehung maskieren sollte, für die sonst in der Gesetzgebung ein Rechtstitel nicht zu finden ist, z. B. Einziehung eines bei den Behörden schlecht angeschriebenen Blattes, so würde sie als Umgehungsversuch der verfassungsmäßig gewährleisteten Druckfreiheit nicht durchgeführt werden können, selbst wenn ein formeller Enteignungstitel vorliegen sollte.

Besondere Steuern oder Abgaben ruhen nicht auf dem Preßgewerbe.

D. Postbeförderung.

Das Monopolrecht des öffentlichen Postwesens auf die Postbeförderung umfaßt Zeitungen und Zeitschriften nicht, doch können diese andererseits Beförderung durch die Postverwaltung zu den Bedingungen, welche im Postgesetz vom 8. Juni 1928 mit zugehörigem Reglement festgelegt sind, verlangen. Von diesen Bedingungen sei nur erwähnt, daß die betreffende Zeitung oder Zeitschrift die Voraussetzungen für den Versand im Inland herausgegebener Drucksachen erfüllen, regelmäßig und mindestens viermal jährlich herauskommen, unter gleichem Namen mit laufender Nummer nach Jahr oder Abonnementsdauer erscheinen und von jedermann bestellt werden können muß. Das Porto für Zeitungen und Zeitschriften wird vom Storthing festgesetzt.

5. Kapitel.

Inhalt und Grenzen der Preßfreiheit.

A. Allgemeine Bestimmungen.

Es ist bereits erwähnt worden, daß Norwegen kein allgemeines Preßgesetz hat und daß die Presse im Großen und Ganzen den für alle Bürger geltenden Rechtsnormen, sowohl in zivil- als strafrechtlicher Beziehung, unterworfen ist. Die sogenannte Preßfreiheit ist ihrem Wesen nach keine andere und insbesondere keine weitergehende Freiheit, als die Freiheit, die jeder Bürger des Landes genießt. Die Sonderbestimmungen, die für die Presse gelten, zielen im wesentlichen darauf hin, die Interessen der Allgemeinheit gegenüber dem beherrschenden Einfluß zu wahren, den die Presse schon allein durch ihre große Verbreitung erreicht, und der noch erhöht wird durch die magische Kraft, die das gedruckte Wort als solches stets ausübt.

1. Die Druckfreiheit im allgemeinen.

Die Druckfreiheit ist verfassungsmäßig durch § 100 der Verfassung gesichert, der folgendermaßen lautet: „Druckfreiheit wird gewährleistet. Niemand kann für eine Schrift, gleichgültig welchen Inhalts, die er hat drucken oder herausgeben lassen, bestraft werden, es sei denn, daß er vorsätzlich und offenbar Ungehorsam gegen die Gesetze, Geringschätzung der Religion, der Sittlichkeit oder der verfassungsmäßigen Gewalten, Widerstand gegen deren Vorschriften selbst bezeigt oder andere hierzu angestiftet, oder falsche und ehrverletzende Beschuldigungen gegen jemand vorgebracht hat. Freimütige Äußerungen über die Staatsverwaltung oder welchen anderen Gegenstand immer sind jedermann erlaubt."

Diese Bestimmung hat den Kommentatoren große Zweifel verursacht. Ohne hier auf die verschiedenen Auffassungen eingehen zu wollen, die geltend gemacht wurden, muß die Bestimmung, historisch betrachtet, dahin verstanden werden, daß sie in erster und letzter Linie gegen jegliche Vorzensur, ob sie nun administrativ oder richterlich ausgeübt werde, gerichtet ist. Die Verfassung hat durch ihren § 100 Freiheit für die Herausgabe von Druckschriften aller Art, ungehindert durch irgendwelche vorausgegangene Prüfung der Gesetzlichkeit des Inhalts, einführen wollen.

Ferner ist durch § 100 der Verfassung der Strafgesetzgebung eine Bindung in der Richtung auferlegt, daß sie sich gegenüber durch Druckschrift begangenen Handlungen innerhalb der Grenzen halten muß, die dieser Paragraph zieht. Positiv gestattet er freimütige Äußerungen über die Staatsverwaltung und jeden anderen Gegenstand, negativ beschränkt er die Strafbarkeit auf den, der „vorsätzlich und offenbar Ungehorsam gegen die Gesetze, Geringschätzung der Religion, der Sittlichkeit oder der verfassungsmäßigen Gewalten, Widerstand gegen deren Vorschriften selbst bezeigt oder andere hierzu angestiftet, oder falsche und ehrverletzende Beschuldigungen gegen jemand vorgebracht" hat. Diese Aufzählung muß für die Strafgesetzgebung bindend sein, so daß Strafbestimmungen außerhalb des so gezogenen Rahmens als ungültig angesehen werden müssen.

In Verbindung mit § 100 der Verfassung, besonders mit dessen Ausdruck „andere zum Ungehorsam gegen die Gesetze angestiftet", hat der § 140 des Strafgesetzes über öffentliche Aufforderung oder Anstiftung zu strafbaren Handlungen oder Verherrlichung von solchen besonderes Interesse. Durch Höchstgerichtsurteil (Retst. 1916 S. 731) ist die Reichweite dieser Bestimmung auf solche Handlungen beschränkt, für die zur Zeit der Tat eine bestimmte Strafvorschrift bestanden hatte. War die Handlung früher nicht mit Strafe belegt, so wird sie nicht schon dadurch strafbar, daß die Organe des Staates einen Gesetzentwurf für eine gegen diese Handlung gerichtete Strafbestimmung in Vorbereitung haben. Von Interesse für das Verständnis des § 100 der Verfassung ist auch das Höchstgerichtsurteil in der Retst. 1922, S. 41, das zu dem Ergebnis kam, daß eine Kgl. Resolution, welche ein Verbot gegen die Ein- und Ausfuhr von Druckschriften enthielt, keine Rechtsstütze in denjenigen Gesetzen fand, auf welche sie sich bezog. In diesem Zusammenhang wurde angeführt, daß die Gewährleistung der Preßfreiheit in § 100 der Verfassung durch ihr bloßes Dasein gegen eine solche Ausdeutung der betreffenden Gesetze spräche, wie sie in der Kgl. Resolution ihren Niederschlag gefunden habe.

Was insbesondere Ehrenbeleidigungen durch Druckschrift betrifft, so wollte § 100 der Verfassung nach seinem Wortlaut nur eine Handhabe geben, vorsätzlich falsche ehrverletzende Beschuldigungen zu strafen. Es würde hier zu weit führen, auf die theoretische Diskussion einzugehen, die über diese Frage geführt wurde; sie galt mehr der Begründung als dem Resultat selbst, über das gewiß Einigkeit bestand, darüber nämlich, daß § 100 der Verfassung die Möglichkeit gibt, auch andere Ehrenbeleidigungen durch Druckschrift zu bestrafen, als solche, die „wider besseres Wissen" vorgebracht werden, gleichviel, ob man meint, daß dies mit dem Wortlaut vereinbar, oder daß der Paragraph in dieser Hinsicht durch Gewohnheitsrecht umgebildet worden sei[1]).

Die Frage nach dem Verhältnis des geltenden Strafrechts zu § 100 der Verfassung, soweit durch Druckschrift begangene Handlungen in Betracht kommen, wird nicht in vielen Gerichtsentscheidungen berührt. Es kann auf die Retst. 1907 S. 323 verwiesen werden, wo es sich um § 95 des Strafgesetzes handelte — Verhöhnung oder Aufreizung zum Haß gegen ein anderes Land oder dessen Staatsverwaltung — einen Paragraphen, der später abgeändert wurde. Die Retst. 1913 S. 722 behandelt die Frage gegenüber dem Militärstrafgesetz, §§ 47 und 49 — Aufreizung zur Militärdienst- und zur Gehorsamsverweigerung.

---

[1]) Zum näheren Verständnis des § 100 der Verfassung sei auf Morgenstierne: II S. 351 ff., Skeie: S. 316—324, Emil Stang: Retst. 1913 S. 305 ff. und die dort zitierten Werke hingewiesen.

2. Allgemeine Strafverantwortlichkeit.

Auch das norwegische Strafrecht hatte früher das sogenannte belgische Substitutionssystem: Von mehreren Personen, die an der Herausgabe einer Druckschrift mitwirkten (Verfasser, Verleger, Herausgeber, Drucker, Verbreiter), trat in einer gewissen Reihenfolge der eine strafverantwortlich an die Stelle des anderen, so daß Bestrafung des näher Verantwortlichen den ferneren befreite, während andererseits der entfernter Verantwortliche stets getroffen wurde, wenn der nähere nicht auffindbar war, ohne Rücksicht darauf, ob er vorsätzlich gehandelt hatte. Lediglich für den Verbreiter wurde Vorsatz gefordert[1]).

Das geltende Strafgesetz hat diese Regelung verlassen, indem es Mitwirkung an durch Druckschrift begangenen strafbaren Handlungen ebenso behandelt, wie wenn es sich um andere strafbare Handlungen handelt.

„Wer nachweislich in Kenntnis des Inhaltes der Schrift Anteil an deren Herausgabe gehabt hat, kann mit der gegen das Verbrechen festgesetzten Strafe bestraft werden[2]).“

Die strafrechtliche Verantwortung der Presse ist eine vollkommen selbständige und braucht keine Verbindung mit der Verantwortung des Verfassers zu haben; ebensowenig repräsentiert sie andererseits eine Übernahme der Strafschuld des letzteren, vgl. Retst. 1911 S. 126.

Da es die Grundregel des Strafgesetzes ist, daß, wer bei einer strafbaren Handlung mitgewirkt hat, nach den gleichen Strafvorschriften und auf die gleiche Weise bestraft werden kann, wie der Täter selbst, ist in § 58 des Strafgesetzes näher festgesetzt, wie die Strafe für den Mittäter je nach den in jedem besonderen Fall vorliegenden Umständen herabgesetzt werden oder völlig fortfallen kann[3]).

Es versteht sich hiernach von selbst, daß eine Anzahl von Bestimmungen im Strafgesetz auch die Presse treffen, obschon sie nicht ausdrücklich gegen diese gerichtet sind. Von solchen Bestimmungen ist eine Reihe in dem oben stehenden Gesetzverzeichnis angeführt; sie behandeln neben gewöhnlichen Ehren-

---

[1]) Hagerup: Strafrecht S. 218.

[2]) Getz: Strafgesetzentwurf 1887 S. 117, vgl. Retst. 1909 S. 570, insbesondere S. 572—573.

[3]) Näheres bei Kjerschow S. 199 ff.

beleidigungen insbesondere Verbrechen gegen die Unabhängigkeit und Sicherheit des Staates, Angriffe auf die Verfassung, Ehrverletzungen gegen König, Regent und Mitglieder des Kgl. Hauses, öffentliche unwahre Beschuldigungen gegen öffentliche Behörden, öffentliche Verhöhnung oder Aufreizung zum Haß gegen die Staatsverfassung oder öffentliche Behörden, öffentliche Aufforderung zu strafbaren Handlungen oder öffentliche Verherrlichung von strafbaren Handlungen, öffentliche Verspottung oder Verhöhnung von im Reiche zugelassenen Glaubensbekenntnissen, öffentliche Kränkung der Wohlanständigkeit und Ehrbarkeit, Verletzung des Friedens des Privatlebens usw.

Überall, wo die Strafbarkeit dadurch bedingt wird, daß die betreffende Handlung „öffentlich" verübt wird, kommt § 7, 2 des Strafgesetzes zur Anwendung, der u. a. bestimmt, daß „eine Handlung dann als öffentlich verübt betrachtet wird, wenn sie durch Herausgabe von Druckschriften verübt wird". Bezüglich dessen, was das Strafgesetz unter Druckschrift versteht, wird auf den auf Seite 14 zitierten § 10, I verwiesen. Im zweiten Abschnitt des gleichen Paragraphen wird bestimmt, daß unter „Herausgabe" auch Anschlag, Auslegung u. ä. an öffentlicher Stelle, d. h. jeder für den öffentlichen Verkehr bestimmten oder im öffentlichen Verkehr befindlichen Stelle (§ 7, I Strafgesetz), verstanden wird.

Die Strafgesetzbestimmungen über Ehrenbeleidigungen verdienen, näher besprochen zu werden, da Injurien durch die Presse besonders häufig sind und da sie für den Einzelnen größere Bedeutung haben als die meisten weiter vorne erwähnten anderen strafbaren Handlungen. Abgesehen davon bilden sie eine der Grundlagen der zivilen Schadenersatzpflicht, die die Presse treffen kann und von der später die Rede sein wird.

§ 247 des Strafgesetzes enthält die allgemeine Bestimmung über Injurien, indem er mit Strafe belegt, „wer zu bewirken oder dabei mitzuwirken sucht, daß etwas Glauben findet, was geeignet ist, dem guten Namen oder Ruf eines anderen zu schaden, oder ihm Haß, Geringschätzung oder Verlust des für seine Stellung oder seinen Beruf erforderlichen Vertrauens zuzuziehen".

Strafverschärfung kann eintreten, wenn die Beschuldigung durch Druckschrift erfolgt ist; in § 248 findet sich eine Bestimmung über weitere Strafverschärfungen, wenn der Schuldige wider besseres Wissen gehandelt hat.

Nach § 247 kann nicht bestraft werden, wenn Beweis für die Wahrheit der Beschuldigung geführt wird. Ein solcher Wahrheitsbeweis ist nicht zulässig für strafbare Handlungen, derentwegen der Beschuldigte durch rechtskräftiges Urteil im In- oder Auslande freigesprochen worden ist. Irgendeine andere Einschränkung des Anspruchs auf Führung des Wahrheitsbeweises kennt das Gesetz nicht, wenn es sich um Bestrafung nach § 247 handelt.

Nach § 247 kann gleichfalls nicht bestraft werden, wer zu einer Äußerung verpflichtet oder genötigt war oder sich in berechtigter Wahrnehmung seiner oder anderer Interessen geäußert hat, es sei denn, daß er Mangel an gebührender Sorgfalt gezeigt habe.

In der Frage, ob dem Beleidiger der gute Glaube wegen der Wahrheit der von ihm vorgebrachten Beschuldigung zuzubilligen sei, besteht ein wesentlicher Unterschied zwischen privaten und öffentlichen Beleidigungen, wobei Preßbeleidigungen nach dem vorher Gesagten stets zu den öffentlichen gehören werden. Bei Privatbeleidigungen wird begründeter guter Glaube an die Wahrheit der Beleidigung von Strafe befreien, vorausgesetzt, daß die betreffende Äußerung nicht nach § 246 des Strafgesetzes, ungeachtet ihrer Wahrheit, als ungebührlich verfolgt wird, in welchem Falle sogar Wahrheitsbeweis ausgeschlossen ist. Bei öffentlichen Beleidigungen, zu denen der Beleidiger weder verpflichtet noch genötigt war, noch sich in berechtigter Wahrnehmung eigener oder fremder Interessen geäußert hat, befreit ihn sein Glaube an die Wahrheit der Äußerung selbst dann nicht von Strafe, wenn kein Mangel an gebührender Sorgfalt vorliegt[1]).

Da zur Strafbarkeit nach § 247 des Strafgesetzes Vorsatz erforderlich ist, gilt er nicht für den Redakteur, Herausgeber usw., der fahrlässig einen beleidigenden Artikel ohne Kenntnis seines Inhalts aufgenommen hat. In diesem Falle kommen

---

[1]) Kjerschow S. 614/615, Hagerup S. 268, Skeie S. 315/316 und 360/362, Urbye S. 148/149 und S. 168. Siehe auch Retst. 1909 S. 313 und 1913 S. 795.

die besonderen Fahrlässigkeitsbestimmungen in § 322, evtl. § 431 des Strafgesetzes zur Anwendung[1]).

Strafverantwortlichkeit muß stets gegen eine oder mehrere bestimmte physische Personen geltend gemacht werden. Eine Aktiengesellschaft oder eine verantwortliche Gesellschaft als solche kann niemals zu Strafe verurteilt werden. Wenn die Voraussetzungen gegeben sind, wird bestraft, wer namens der Gesellschaft gehandelt oder gegebenenfalls bei der Handlung mitgewirkt hat.

3. Allgemeine Schadensersatzpflicht.

Voraussetzung für die Schadensersatzpflicht einer Zeitung oder Zeitschrift ist, daß in ihr ein Artikel, eine Mitteilung oder Anzeige, die — objektiv betrachtet — geeignet ist, Schaden anzurichten, veröffentlicht wurde, daß die Veröffentlichung widerrechtlich ist und daß für den dadurch erlittenen Schaden der Beweis erbracht wird.

Widerrechtlich ist das Vorbringen einer Äußerung vor allem dann, wenn es direkt vom Gesetz verboten wird, was stets dann der Fall ist, wenn eine Handlung unter Strafe gestellt ist. Da die Presse, wie oben erwähnt, die übliche Verantwortung für strafbare Handlungen hat, versteht es sich von selbst, daß eine Reihe von Bestimmungen des Strafgesetzes als Grundlage für die Schadensersatzpflicht in Betracht kommen können. Jedoch soll hier, soweit das Strafgesetz in Frage steht, nur diejenige Ersatzpflicht behandelt werden, die mit dem Vorbringen einer Äußerung verbunden ist, die gegen §§ 247—248 des Strafgesetzes verstößt.

Sind in der Presse Äußerungen erschienen, die eine Strafverantwortung gemäß den Beleidigungsbestimmungen nach sich ziehen, so ist auch die Grundlage für eine Ersatzforderung wegen des so entstandenen Schadens gegeben. Obwohl unsere Rechtspraxis von Preßbeleidigungs-Prozessen wimmelt, zeigt sie dennoch nicht viele Fälle, wo ein Beleidiger zu Schadensersatz verurteilt worden wäre. Die Bedingung hierfür ist nämlich, wie erwähnt, daß der Beleidigte den wirtschaftlichen Schaden, den er durch die widerrechtliche Veröffentlichung erlitten hat, dartut; aber gerade da, wo der Leumund die höchste Bedeutung für die wirtschaftliche Tätigkeit hat, fügt man sich oft selbst

[1]) Näheres im Abschnitt über die besondere Strafverantwortlichkeit der Presse S. 32 ff.

durch die Behauptung, einen Schaden erlitten zu haben, mehr Schaden zu, als man im günstigsten Falle ersetzt bekommen kann[1]). Ersatz für den nichtmateriellen Schaden, den man durch eine Beleidigung erlitten hat, ist noch seltener. Denn das sogenannte „Genugtuungs"-Institut, das Ersatzansprüche für „Unrecht und Schmerz oder anderen Schaden nichtmaterieller Art" gewährt, kommt bei Ehrenbeleidigungen nicht zur Anwendung, es sei denn, daß diese „gegen besseres Wissen" vorgebracht wurden. (Inkraftsetzungsgesetz § 19 letzter Abschnitt.)

Professor Skeie hat mit Recht auf den Mangel hingewiesen, der sich hier in unserer Injuriengesetzgebung geltend macht, und ist als Fürsprecher einer verschärften Ersatzpflicht aufgetreten, wobei er unter Hinweis auf das englische Recht betont hat, daß Schadensersatz und Buße sicherlich ebenso dienliche Mittel der Rechtshandhabung seien, wie Strafen[2]).

Selbst wenn ein in der Presse erschienener beleidigender Artikel keine Strafe nach sich zieht, kann doch eine Ersatzpflicht aus allgemeinen zivilrechtlichen Grundsätzen eintreten, da das Vorbringen der schädlichen Äußerung trotzdem widerrechtlich sein kann. „Es muß auf diesem Gebiet, wie anderswo, weit größere Sorgfalt als Befreiungsgrund von der Schadensersatzpflicht, denn als Straflosigkeitsgrund gefordert werden." (Skeie l. c.) Dieser Gesichtspunkt wird für die Presse besondere Bedeutung haben; in einer Reihe von Fällen werden nämlich die subjektiven Bedingungen für die Strafverantwortlichkeit der Presse fehlen, insbesondere da § 247 des Strafgesetzes Vorsatz voraussetzt, dennoch aber kann eine Fahrlässigkeit erwiesen sein, auf die das Recht in der einen oder anderen Weise reagieren muß.

Neben den strafrechtlichen Bestimmungen über Ehrenbeleidigungen und neben der aus ihnen folgenden Schadensersatzpflicht ist § 9 des Gesetzes über unlauteren Wettbewerb vom 7. Juli 1922 anzuführen, der folgendermaßen lautet:

---

[1]) Prof. Skeie: Abhandlungen 1913: Unsere Injuriengesetzgebung, S. 220.

[2]) Vgl. außer bereits Zitiertem auch Skeie: „Über Ehrenbeleidigungen nach Norwegischem Recht" S. 414/415, insbesondere Note 2. Vgl. Fr. Stang Lund: Retst. 1913 S. 409/410 und C. Wildhagen, ebenda S. 759/760.

„Wer über einen Gewerbebetrieb, dessen Inhaber oder eine in dem Betriebe angestellte Person, über die aus dem Betriebe stammenden Waren, oder über sonstige mit dem Betrieb in Verbindung stehende Dinge zu Wettbewerbszwecken Angaben macht oder verbreitet, die geeignet sind, dem Betrieb zu schaden, ist verpflichtet, den verursachten Schaden zu ersetzen, und es kann ihm durch Urteil die Wiederholung der Handlung verboten werden, sofern er nicht Beweis für die Wahrheit seiner Angaben führt.

Hat er gewußt oder wissen müssen, daß seine Angabe unwahr sei, so ist er mit Geldstrafe oder Gefängnis bis zu 6 Monaten zu bestrafen."

Diese Bestimmung verdient Beachtung, da sie auf eine Reihe von Äußerungen Anwendung findet, die geeignet sind, Schaden anzurichten, ohne unter die strafrechtlichen Bestimmungen für Ehrenbeleidigungen zu fallen. Sie gilt für jede Form der Mitteilung oder Verbreitung von herabsetzenden Angaben zu Wettbewerbszwecken, also auch für Zeitungsanzeigen und besondere Zeitungsartikel. Wie man sieht, wird die Schadensersatzpflicht besonders hervorgehoben; eine Befreiung tritt nur ein, falls der Beweis für die Wahrheit der Angaben erbracht wird. Ob die Äußerungen in gutem Glauben getan wurden, ist hier bedeutungslos[1]).

Das Anwendungsgebiet dieser Bestimmung des Gesetzes über unlauteren Wettbewerb ist insofern begrenzt, als die schädliche Angabe zu Wettbewerbszwecken gemacht oder verbreitet worden sein muß. Sie trifft also solche Äußerungen nicht, bei denen sich ein Wettbewerbszweck zum mindesten nicht beweisen läßt, was meistens auf redaktionelle Artikel, Mitteilungen und Notizen zutrifft. Diese können von äußerst schädlicher Wirkung für Personen und Betriebe sein, ohne direkt von einer der genannten Gesetzesbestimmungen getroffen zu werden. Man wird hier auf allgemeine Rechtsgrundsätze angewiesen sein, so daß die Schwierigkeit darin liegt, festzustellen, inwieweit die Äußerung rechtswidrig ist, wenn man keinen Anhalt an positiven Gesetzesbestimmungen hat.

Klar ist, daß weder das Prinzip noch eine noch so weite Auslegung der Druckfreiheit den Zeitungen jede Äußerung gestatten kann, die oft einzig und allein zu Sensationszwecken

---

[1]) Vgl. Thorsen S. 75.

erfolgt und sofort den Ruf eines Geschäftes, die Verkäuflichkeit einer Ware oder das Ansehen einer Person zu zerstören vermag.

Man darf zwar die Bedeutung einer freien, unabhängigen und wachsamen Presse nicht unterschätzen, die imstande sein muß, ohne Rücksicht das Licht der Öffentlichkeit auf kritikbedürftige Verhältnisse fallen zu lassen; aber diesem gehobenen Zweck dient die Presse dann nicht, wenn sie in leichtfertiger Sensationslust Gerüchte, Behauptungen oder Vermutungen ohne anderen Vorbehalt bringt, als bestenfalls ein Fragezeichen hinter einer aufsehenerregenden Überschrift. Das Recht, alle Angelegenheiten von öffentlichem Interesse einer sachlichen Kritik zu unterwerfen, steht jeder Person zu; in dieser Hinsicht gilt für die Presse kein besonderes Recht, wie dies oft behauptet worden ist. Und findet man, daß die Kritik nicht sachlich ist, so darf die Justiz den schutzsuchenden Beleidigten nicht behindern.

Auch bezüglich solcher schädlichen Äußerungen, die außerhalb von § 247 des Strafgesetzes und § 9 des Gesetzes über den unlauteren Wettbewerb liegen, wird sich die Presse somit ersatzpflichtig machen, wenn die Veröffentlichung rechtswidrig ist. Der Beweis der Wahrheit oder Richtigkeit der Äußerung wird jedoch die Rechtswidrigkeit aufheben, es sei denn, daß gerade das Vorbringen oder die Verbreitung der Äußerung, oder die Form, in der diese geschehen ist, als ungebührlich bezeichnet werden muß. Der gute Glaube an die Richtigkeit der Äußerung wird keineswegs immer zum Freispruch führen; in dieser Hinsicht ist die Entschuldigung, „man referiere nur", nicht ausreichend. Es ist besonders auf die Höchstgerichtsurteile in der Retst. 1897 S. 673 und 1908 S. 289 hinzuweisen, in denen das Höchstgericht, unter gleichzeitigem Freispruch von der Ersatzpflicht auf Grund eines Wahrheitsbeweises, seine Mißbilligung über das Erscheinen der Notiz an sich und über die darin benutzten starken Ausdrücke ausspricht.

Von Höchstgerichtsurteilen, die die zivilrechtliche Verantwortung der Presse behandeln, seien ferner genannt: Retst. 1904 S. 536: Frage nach der Verantwortlichkeit für eine unrichtige Zeitungsnotiz des Inhaltes, daß ein Geschäftsmann seine Zahlungen eingestellt habe. Das Blatt wurde freigesprochen, da Verursachung eines Schadens nicht angenommen werden konnte. Retst. 1908 S. 242: Ein Redakteur wird wegen der herabsetzenden Äußerung von „Zirkuszuständen", angewandt auf ein bestimmtes Etablissement, freigesprochen. Retst. 1908 S. 289: Eine Zeitung wird wegen beleidigender Besprechung eines Handelsgeschäftes zu Schadensersatz verurteilt. Besonders bemerkenswert ist hier der Umstand, daß einer der Artikel sich auf die Wiedergabe öffentlicher Äußerungen eines namhaft gemachten Polizeichefs stützen konnte, ohne daß hierin eine Verminderung der Verantwortlichkeit erblickt worden wäre. Retst. 1911 S. 296: Ein Redakteur und die Druckerei der betreffenden Zeitung werden solidarisch zu Schadensersatz wegen der Mitteilung verurteilt, daß jemand wegen strafbarer Handlungen angezeigt worden sei. Die Notiz beschränkte sich nicht darauf, Tatsachen mitzuteilen, sondern enthielt die Beschuldigung, daß der Betreffende sich wirklich des behaupteten Vergehens schuldig gemacht habe, was durch ein späteres Strafurteil als unrichtig festgestellt wurde. Retst. 1911 S. 626: Der Verfasser einiger Zeitungsartikel wird verurteilt, einem Rechtsanwalt Schadenersatz zu zahlen, der in den Artikeln des Versuchs der unrechtmäßigen Bereicherung auf Kosten seiner Mitaktionäre bezichtigt worden war. Vergebens führte der Verfasser zu seiner Entschuldigung an, daß er lediglich mit einer sachlichen Kritik von objektiver Natur hervorgetreten sei. Die Vorinstanz, deren Urteil vom Höchstgericht bestätigt wurde, sprach als eine allgemein geltende Regel aus, daß in derartigen Fällen dem Recht keinesfalls Genüge geschehe, wenn bei der Beurteilung der zivilrechtlichen Schadensersatzklage zwischen strafbaren Ehrenbeleidigungen und anderen rechtswidrigen Beleidigungen unterschieden werde. Dieser Prozeß betrifft zwar die Verantwortlichkeit der P r e s s e nicht unmittelbar, aber er wäre unzweifelhaft nach denselben Gesichtspunkten entschieden worden, wenn er statt gegen den Verfasser gegen die betreffende Zeitung geführt worden wäre. Retst. 1915 S. 844: Eine Zeitung wurde von einem Bankdirektor wegen Besprechung seiner die Bank betreffenden Angelegenheiten verklagt. Das Höchstgericht fand, daß die besprochene Angelegenheit im wesentlichen Anspruch auf öffentliche Aufmerksamkeit hatte und daß sie innerhalb des Rahmens dessen lag, was die Presse zu besprechen und zu kritisieren befugt ist. Da die in den Zeitungsartikeln gegebene Darstellung in ihren Hauptzügen als korrekt angesehen werden mußte, wurde die Zeitung freigesprochen.

Die Frage, ob und in welchem Umfange ein materieller Schaden erlitten wurde, ist sehr schwierig. Sich allgemein hierzu zu äußern, ist unmöglich. Es soll lediglich bemerkt werden, daß der Schaden, soweit er nicht in exakten Ziffern angegeben werden kann, was wohl kaum jemals der Fall ist, durch Schätzung festzusetzen ist. Nach der jetzt geltenden Zivilprozeßordnung ist die Schätzung vom erkennenden Gericht selbst und nicht, wie früher, nachträglich abzugeben. Hier hat indes die neue Prozeßordnung die Rechtsfindung nicht unwesentlich unterstützt, indem sie die Teilnahme sachkundiger Richter an der Entscheidung zuließ und die Ernennung besonderer Sachverständiger zur Äußerung über alle Fragen fachlicher Art, soweit das Gericht oder die Parteien sie notwendig finden, ermöglichte.

Daß für Verluste nicht materieller Art in einzelnen Fällen Ersatz geleistet werden muß, wurde oben bei der Besprechung der Ehrenbeleidigungen erwähnt; das Genugtuungs-Institut müßte jedoch in seinem Geltungsbereich über dieses Gebiet hinaus ausgedehnt werden, vorausgesetzt natürlich, daß die Gerichte es wirklich anwenden. Wie unsere Rechtsgrundsätze zur Zeit liegen, wird eine herabsetzende oder schädliche Besprechung, die nicht den Charakter einer Ehrenbeleidigung „gegen besseres Wissen“ hat, einen Ersatzanspruch nur in dem Umfang begründen können, in dem ein materieller Schaden nachgewiesen werden kann.

Die Ersatzpflicht für eingesandte Artikel wird unmittelbar dem Verfasser obliegen. Daß gleichzeitig auch die Zeitung verantwortlich ist, wenn der rechtswidrige Inhalt des Artikels dem betreffenden Redakteur (Herausgeber) bekannt war, ist nach dem Gesagten klar. Dasselbe gilt, wenn Fahrlässigkeit seitens der Zeitung erwiesen ist. Die oben erwähnte Bestimmung in § 9 des Gesetzes über den unlauteren Wettbewerb betrifft allerdings nicht unmittelbar die Zeitung, die unwahre schädliche Angaben aufgenommen hat; es muß jedoch angenommen werden, daß die Zeitung auch hier, zum mindesten zivilrechtlich, mitverantwortlich wird, wenn Fahrlässigkeit erwiesen ist. Doch wird die Zeitung auch in solchen Fällen sich auf ihren guten Glauben so lange berufen können, als ihr nicht gerade der gute Glaube als Fahrlässigkeit angerechnet werden muß, oder sofern es ihr als Mangel an gebührender

Sorgfalt vorgeworfen werden kann, daß der Artikel oder die Anzeige überhaupt aufgenommen wurde.

Soweit der Eigentümer oder Herausgeber (Verleger) der Zeitung eine Aktiengesellschaft oder eine verantwortliche Gesellschaft ist, wird die zivilrechtliche Verantwortlichkeit „der Zeitung“ regelmäßig gegen die Gesellschaft geltend gemacht, da diese nach allgemeinen Gesellschaftsregeln für die Handlungen aller ihrer Organe und Beamten verantwortlich ist, sofern diese Handlungen bloß formell innerhalb des Zuständigkeitsbereichs des Betreffenden liegen. Dies gilt auch für rechtswidrige Handlungen, welche „in Amtsausübung“ oder „im Dienste“ vorgenommen wurden und gilt sowohl für vorsätzliche wie für fahrlässige Handlungen. Gehört die Zeitung einer Einzelperson, oder wird sie von einer solchen herausgegeben, so folgt die gleiche Regel aus N.L. 3/21/2. (N. L. = Norw. Gesetz Christians V. vom 15. April 1687.)

Ist dieselbe schädliche Äußerung in mehreren Zeitungen erschienen, so sind diese im allgemeinen solidarisch haftbar, vgl. Inkraftsetzungsgesetz § 26, 1. Abschnitt. Es können jedoch Umstände vorliegen, die zu einer Teilung der Verantwortlichkeit und zu ihrer verschiedenen Verteilung auf die verschiedenen Zeitungen führen; als Regel gilt in allen Fällen, daß der Geschädigte keinen höheren Anspruch hat, als den auf vollen Schadenersatz; in Fällen solidarischer Haftung wird dies also dahin führen, daß man sich an jeden Einzelnen für den vollen Betrag halten kann, und, was man von dem einen nicht bekommt, vom anderen einfordern kann. Die Frage des Regresses zwischen den verschiedenen Zeitungen untereinander, falls der Geschädigte sich nur an eine von ihnen gehalten oder bei der einen mehr als bei der anderen bekommen hat, ist nach den Grundsätzen im Inkraftsetzungsgesetz, § 26, 2. Abschnitt, zu entscheiden, das jederzeit Regreß bei fahrlässigen Schädigungen gewährleistet; bei vorsätzlichen trifft hierüber das Gericht unter Berücksichtigung der erwiesenen Schuld und der Gesamtlage die Entscheidung.

Der Ersatzanspruch wird im allgemeinen durch Privatklage geltend gemacht; in solchen Fällen aber, wo er auf einer strafbaren Handlung beruht, kann er auch während und in Verbindung mit einer Strafsache durchgeführt werden; findet man dies jedoch nicht zweckmäßig, besonders wegen der

Zusammensetzung der Gerichte bei Strafsachen, oder weil die Gerichtshöfe aus dem einen oder anderen Grund den zivilen Anspruch nicht zum Erkenntnis zulassen, so besteht uneingeschränkte Gelegenheit, ihn anschließend in einer Zivilklage geltend zu machen[1]).

B. Besondere Bestimmungen.

1. Besondere Strafverantwortlichkeit für Preßdelikte.

Wie im Abschnitt über die allgemeine Strafverantwortlichkeit der Presse erwähnt, hat das Strafgesetz das früher geltende Substitutionssystem verlassen und läßt strafrechtliche Verantwortung überall da eintreten, wo sie aus den allgemeinen Regeln über Strafschuld folgt. Bei Preßdelikten tritt doch oft der Fall ein, daß der eigentliche Schuldige, der Verfasser, nicht bekannt ist, daß er nicht angegeben wird oder nicht bestraft werden kann. Für diese Fälle hat § 322 des Strafgesetzes eine ersatzweise Verantwortlichkeit für Herausgeber (Redakteur), Verleger und Drucker eingeführt, jedoch nicht für Verbreiter.

Die erste Bedingung für die Anwendung dieses Paragraphen ist, daß eine Druckschrift „verbrecherischen" Inhalts herausgegeben wurde, für die der Betreffende „nach den allgemeinen Regeln nicht verantwortlich ist". (Handelt es sich um eine „Übertretung" [Strafgesetz § 2], so ist der Paragraph nicht anwendbar). Auch bei dieser Bestimmung kommt keine Übernahme der Strafschuld des Verfassers in Frage, die nach wie vor bestehen bleibt und je nach den Umständen wesentlich größer sein kann (S.K.M., Seite 263).

Eine weitere Bedingung ist, daß der Verfasser unbekannt ist und auf Verlangen nicht angegeben wird, nachdem Untersuchung bei Gericht eingeleitet ist, oder sobald ein etwaiger Einspruch gegen die Strafverfolgung durch endgültiges Rechtserkenntnis verworfen worden ist. Der Herausgeber (Redakteur) hat nämlich die Möglichkeit, die Nennung des Verfassers zu verweigern, wenn er glaubt, daß der Strafantrag zu

---

[1]) Bezüglich der Schadensersatzpflicht für Anzeigen sei auf Kapitel 5 B, 5, verwiesen, wo diese zugleich mit den geltenden Vorschriften über die Preßverantwortung für Anzeigen überhaupt behandelt ist.

Unrecht erhoben wurde, weil entweder der inkriminierte Artikel überhaupt nicht strafbar sei oder jedenfalls kein Verbrechen darstelle. In diesem Falle kann er gegen die Einleitung der Strafverfolgung protestieren, und die Nennung des Verfassers kann, ohne daß sich der Herausgeber eine Verantwortung zuzieht, ausgesetzt werden, bis der Protest endgültig verworfen wurde (S.K.M. Seite 263).

Entsprechende Bedingungen für die Strafbarkeit des Herausgebers (Redakteurs) sind, daß der Verfasser nicht bestraft wird, gleichgültig aus welchem Grunde, wenn nämlich der Betreffende bei der Herausgabe Kenntnis von Umständen besaß, die es wahrscheinlich machten, daß der Verfasser nicht würde bestraft werden können, oder daß er beabsichtigte, sich der Strafe zu entziehen, und endlich, daß er bei der Herausgabe Kenntnis davon besaß, daß der Verfasser weniger als 18 Jahre alt war, oder daß ihm durch Urteil die in § 29 Nr. 2 des Strafgesetzes erwähnten Rechte, d. h. Stimmrecht in öffentlichen Angelegenheiten und Zulassung zum öffentlichen Dienst, aberkannt waren.

Die Verantwortung laut § 322 umfaßt auch eine Fahrlässigkeitshaftung; sie ist unzweideutig in der Bestimmung enthalten, daß der Betreffende straffrei ist, „falls ihn die Umstände zu der Annahme berechtigen, daß die Schrift keinen verbrecherischen Inhalt hat". Nach ihrem Wortlaut scheint diese Bestimmung die Kenntnis des Inhalts der Schrift vorauszusetzen, oder doch mindestens die Kenntnis dessen, daß eine solche überhaupt gedruckt und herausgegeben wurde, da ja die Straflosigkeit an die Bedingung geknüpft ist, daß die Umstände ihn, d. h. den Herausgeber (Redakteur), und nach ihm die anderen subsidiär Verantwortlichen zu der Annahme berechtigten, daß die Schrift keinen verbrecherischen Charakter habe. Hatte er von der Schrift überhaupt oder von ihrem verbrecherischen Inhalt keine Kenntnis, so führt gemäß § 42 des Strafgesetzes die Unkenntnis von Umständen, welche Strafbarkeit bedingen, zur Straflosigkeit sowohl gegenüber der Strafbestimmung, gegen die der Inhalt selbst verstößt, als auch gegenüber der Verantwortung laut § 322, es sei denn, daß gerade die Unwissenheit als Fahrlässigkeit angerechnet werden kann.

Aus all dem würde sich das Resultat ergeben, daß der Herausgeber (Redakteur), falls er vom Inhalt der Schrift Kenntnis gehabt und deren verbrecherischen Charakter begriffen hat, gegebenenfalls als Mittäter nach der Strafbestimmung, gegen welche die Schrift verstößt, strafschuldig wird[1]).

Hat er den Inhalt der Schrift gekannt, aber deren verbrecherischen Charakter nicht begriffen, so wird er nach § 322 des Strafgesetzes bestraft, sofern ihm das mangelnde Verständnis als Fahrlässigkeit angerechnet werden kann. Hat er den Inhalt der Schrift nicht gekannt, oder war ihm überhaupt unbekannt, daß sie gedruckt und veröffentlicht wurde, so dürfte § 322 des Strafgesetzes nicht angewandt werden können, es sei denn, daß ihm seine Unwissenheit als Fahrlässigkeit angerechnet werden kann.

In einer Abhandlung im „Mitgliedsblatt für die Landesvereinigung der Polizeibeamten" 1928 S. 18 hat Andr. Aulie die Auffassung vertreten, der Herausgeber könne sich niemals von der Verantwortlichkeit laut § 322 des Strafgesetzes dadurch befreien, daß er angibt, den Inhalt der Schrift nicht gekannt zu haben, sofern dieser selbst als verbrecherisch kenntlich ist. Kjerschow S. 774 schließt sich dieser Auffassung an, während Hagerup S. 344/345 eher entgegengesetzter Ansicht zu sein scheint.

Wurde gegen den Befehl des Herausgebers (Redakteurs) gehandelt, so sind alle darin einig, daß er straffrei ist.

Für die Verantwortung laut § 322 ist ein besonderes Substitutionssystem eingeführt: in erster Linie ist der Herausgeber (Redakteur) verantwortlich. Sind die oben hinsichtlich des Verfassers (Übersetzers) erwähnten Umstände auch zu seinen Gunsten vorhanden, so beginnt die Verantwortung des Verlegers. In letzter Linie kommt die Verantwortung des Druckers, wenn auch der Verleger infolge gleicher Umstände nicht belangt werden kann.

Sind Herausgeber und Redakteur verschiedene Personen, oder sind mehrere Redakteure vorhanden, so wird die Verantwortung regelmäßig einzig auf demjenigen ruhen, der nach der Arbeitsanordnung bei der betreffenden Zeitung oder Zeitschrift darüber zu befinden hat, was entweder im Blatt überhaupt oder in der betreffenden Abteilung der Zeitung oder Zeitschrift veröffentlicht werden soll. Wie oben erwähnt, hat das Strafgesetz durch die Bestimmung in § 429 Abschnitt 2 jede

---

1) Vgl. Retst. 1909 S. 570.

besondere rechtliche Bedeutung der Stellung des „verantwortlichen Redakteurs“ aufgehoben.

Unabhängig von § 322 des Strafgesetzes, der — wie gezeigt wurde — nicht anwendbar ist, wenn der Verfasser bestraft wird, hat § 431 des Strafgesetzes eine selbständige Strafverantwortlichkeit für den Herausgeber (Redakteur) in Fällen fahrlässiger Aufnahme von Artikeln oder Inseraten strafbaren Inhalts in eine Zeitung oder Zeitschrift selbst dann konstituiert, wenn der Verfasser bestraft wird. Es handelt sich um die Prüfungspflicht des Herausgebers, die ihm durch diesen Paragraphen auferlegt werden soll, der dann nicht anwendbar ist, wenn bewiesen werden kann, daß der Betreffende den Inhalt des Artikels (oder Inserates) kannte. Dann kommt gegebenenfalls die einschlägige Strafvorschrift, gegen die der Inhalt verstößt, evtl. § 322 des Strafgesetzes, zur Anwendung.

Im übrigen sind die Bedingungen für die Anwendung des Paragraphen die, daß der Inhalt von irgendeiner Vorschrift des Strafgesetzes getroffen wird, ob es sich nun um ein Verbrechen oder eine Übertretung handelt. Dagegen kommen Strafbestimmungen außerhalb des Strafgesetzes nicht in Betracht.

Nach seinem Wortlaut ist § 431 des Strafgesetzes gegen denjenigen Herausgeber gerichtet, welcher die strafbare Schrift persönlich zum Druck befördert. Doch ist es gewiß die Absicht des Gesetzgebers, daß die Verantwortung nach diesem Paragraphen gegebenenfalls auch dann dem Herausgeber obliegen soll, wenn er von der Aufnahme ins Blatt keine Kenntnis gehabt hat.

Diese Bestimmung ist besonders dadurch bemerkenswert, daß sie — falls eine Zeitung oder Zeitschrift etwas Strafbares enthält — eine Rechtsvermutung aufstellt, daß der Herausgeber (Redakteur) fahrlässig gehandelt habe, eine Präsumtion, die zwar unter Beweis gestellt werden kann, für die jedoch die Beweislast, entgegen den allgemein geltenden strafprozessualen Regeln, dem Angeklagten auferlegt wird. Der Sorgfaltsbeweis muß sich gegebenenfalls darauf beziehen, ob der Herausgeber (Redakteur) die Forderungen erfüllt hat, die man vernünftigerweise an eine Prüfung des Stoffes der Zeitung oder Zeitschrift stellen kann[1]).

2. Das Anonymitätsrecht der Presse.

In engem Zusammenhang mit der strafgesetzlichen Regelung der besonderen Haftung der Presse für Pressedelikte steht die Frage nach dem sogenannten Anonymitätsrecht der Presse.

Wie oben dargetan, charakterisiert sich die allgemeine Strafverantwortung der Presse oder ihre besondere Strafverantwortung nach §§ 322 und 431 des Strafgesetzes nicht als eine Übernahme der Haftung des Verfassers, welche unabhängig von der Verantwortung des Herausgebers (Redakteurs) besteht und selbst dann bestehen bleibt, wenn dieser bestraft wird. Es bedeutet keinen Bruch mit diesem Grundsatz, daß das Opportunitätsprinzip der Strafprozeßordnung der Anklagebehörde gestatten kann, die Anklage gegen den Verfasser in solchen Fällen zu unterlassen, wo kein öffentliches Interesse seine Bestrafung erfordert, weil beispielsweise seine Person unwesentlich ist, während es von großem Interesse sein kann, das Blatt zu treffen, das seinen Artikel aufgenommen und vielleicht ausdrücklich bestellt hat.

Falls es jedoch im Interesse der Strafhandhabung gelegen ist, daß der Name des Verfassers eines anonymen Artikels bekanntgegeben wird, so wird es verschiedene Wege geben, je nachdem ob der betreffende Herausgeber, Redakteur usw., der den Namen kennt, im Verfahren angeklagt ist oder voraussichtlich werden wird, oder ob er bloß als Zeuge für ein in Gang gebrachtes Ermittlungsverfahren oder Strafverfahren wegen einer durch die Presse begangenen strafbaren Handlung in Frage kommt.

Ist der Herausgeber, Redakteur usw. angezeigt oder angeklagt, so ist es ein Grundsatz der Strafprozeßordnung,

---

[1]) Die vielen schwierigen und zweifelhaften Fragen, welche bei der Auslegung der §§ 322 und 431 des Strafgesetzes entstehen, werden des Näheren beleuchtet und erwogen — und zwar, wie vorher erwähnt, mit teilweise abweichenden Resultaten — bei Hagerup: S. 342/345 und 446/447, Kjerschow: S. 772/776 und S. 956/960 sowie in der oben zitierten Abhandlung von Andr. Aulie im „Mitgliedsblatt für die Landesvereinigung der Polizeibeamten“ von 1928 S. 12/20 und S. 43/47.

daß er niemals in bezug auf die Anzeige oder das Verfahren zur Aussage verpflichtet ist. In diesen Fällen kann er also die Angabe des Verfassers verweigern.

Ist niemand in der Sache beschuldigt, so kann dasselbe gelten, wenn eine Möglichkeit besteht, daß der Herausgeber, Redakteur usw. angeklagt werden wird. An und für sich ist diese Möglichkeit bedeutungslos; doch kann Befreiung vom Aussagezwang aus den Regeln folgen, die für das Recht des Zeugen gelten, die Beantwortung von Fragen zu verweigern, deren Beantwortung ihn voraussichtlich einer Bestrafung aussetzen würde (Strafprozeßordnung § 177).

Für den Umfang der Zeugnispflicht gelten keine Sonderbestimmungen für Journalisten. Ein Redakteur kann z. B. niemals die Angabe eines anonymen Verfassers unter Hinweis darauf verweigern, daß ihm eine innerhalb des Journalistenstandes allgemein anerkannte Schweigepflicht obliege. Das Gesetz hat nämlich positiv und erschöpfend festgelegt, wer eine Schweigepflicht besitzt und wie weit diese reicht. Hierunter befinden sich weder Herausgeber, noch Redakteure, noch Journalisten überhaupt.

Die Zeugnispflicht von Journalisten folgt somit den allgemeinen Regeln der §§ 176/180 der Strafprozeßordnung, von welchen hier nur § 177 interessiert:

„Jedermann kann verlangen, von der Beantwortung solcher Fragen befreit zu werden, von deren Beantwortung angenommen werden kann, daß sie ihn oder irgendeine Person, zu der er in einem in § 176 genannten Verhältnis steht, der Bestrafung oder dem Verlust der bürgerlichen Achtung aussetzt.

Doch kann das Gericht Befreiung ablehnen, wenn das Verhältnis zu den im letzten Abschnitt des § 176 behandelten gehört."

(§ 176 enthält eine Aufzählung näherer und fernerer Angehöriger.)

Zur Beleuchtung der Reichweite dieser Bestimmung in ihrer Anwendung auf Journalisten liegt eine Reihe von Entscheidungen des Revisionsausschusses des Höchstgerichts vor. Es ist jedoch nicht ganz leicht, von diesen Entscheidungen aus die Frage klar zu umgrenzen; immerhin dürfte folgendes festgestellt werden können:

Ist der Gegenstand des Verfahrens eine durch die Presse begangene strafbare Handlung der Art, daß das Erscheinen des

Artikels (oder Inserats) in der Presse an sich die strafbare Handlung konstituiert oder qualifiziert, so wird man nur notgedrungen die Zeugnispflicht des Redakteurs (Herausgebers) benutzen, um den Namen des Verfassers zu erzwingen. Sowohl die allgemeinen strafrechtlichen Regeln, als besonders die Haftung aus § 322 des Strafgesetzes werden hier dazu führen müssen, daß man den betreffenden Journalisten als berechtigt ansehen wird, sich der Aussage zu enthalten, mit Rücksicht darauf, daß in solchen Fällen für ihn selbst eine mehr oder minder naheliegende Möglichkeit besteht, in die Lage eines Angeschuldigten zu geraten[1]). In einem Erkenntnis in der Retst. 1915 S. 750 berief sich ein Zeuge auf seine Stellung als Redakteur, um von der Aussage befreit zu werden. Seiner Weigerung wurde stattgegeben, aber lediglich unter Hinweis auf § 177 der Strafprozeßordnung, da keine Rede von einer strafbaren Handlung der vorerwähnten Art sein konnte. Eine Erklärung der Anklagebehörde, daß sie die Anklage gegenüber dem betreffenden Zeugen unterlassen wolle, kann nicht als zur Erweiterung seiner Zeugnispflicht führend angesehen werden[2]).

Wenn dagegen die Artikel, Mitteilungen oder Anzeigen n i c h t an und für sich Gegenstand des Verfahrens sind und folglich nicht angenommen werden kann, daß eine wie immer geartete Verantwortung des Redakteurs oder Herausgebers in Frage kommen kann, werden diese sich vergebens weigern, den Namen des Verfassers oder seines Gewährsmannes zu nennen, wenn dies für die Ziele der Ermittlung von Bedeutung ist[3]).

Wird eine Ermittlung eingeleitet, ohne daß feststeht, ob eine Gesetzesübertretung begangen worden ist, vielmehr nur infolge eines unbestimmten Verdachts auf Grund von Zeitungsnotizen oder Mitteilungen, so besteht keine Möglichkeit, den Namen des Verfassers oder Gewährsmannes zu erzwingen. Dies wäre I n q u i s i t i o n und würde gegen die Prinzipien der Strafprozeßordnung verstoßen. Dies ist konsequent in einer Reihe von Erkenntnissen geltend gemacht worden, die zwar nicht unmittel-

---

[1]) Retst. 1908 S. 652, vgl. 1926 S. 666.

[2]) Siehe Retst. 1930 S. 344.

[3]) Retst. 1907 S. 239, 1908 S. 653, 1916 S. 683 und 1917 S. 383. Dies war auch die Situation vor dem Strafgesetz von 1902, siehe Retst. 1895 S. 829, vgl. Retst. 1894 S. 122 und 1898 S. 444.

bar Journalisten betreffen; doch muß für diese das gleiche gelten[1]).

Es sind in neuerer Zeit Bestrebungen im Gange, ein weitergehendes Zeugnisverweigerungsrecht für Journalisten zu erreichen, jedoch bisher ohne Ergebnis. Es sei hierzu auf die Werke verwiesen, die bei Salomonsen: Die Norwegische Strafprozeßordnung mit Kommentar, zweite Ausgabe, Seite 185/186, zitiert werden.

3. Die Berichtigungspflicht der Presse.

Die Berichtigungspflicht, welche neu in das norwegische Strafgesetz von 1902 aufgenommen wurde, dient Ansprüchen, denen heutzutage in den meisten modernen Preßgesetzen entsprochen wird und die die Entwicklung der Presse hat entstehen lassen. Die Berichtigungspflicht, oder — von der anderen Seite her betrachtet — das Entgegnungsrecht, ist eine wirksame Waffe für das Publikum gegenüber unrichtigen und sensationsbesessenen Pressemitteilungen, — eine Waffe, die sich in weitem Umfang als ausreichend erweist, um die Interessen des Privatmannes zu schützen, ohne einen umständlichen und kostspieligen Prozeß nötig zu machen.

Gewiß wird das Prinzip, das dieser Bestimmung zugrunde liegt, auch ohne gesetzliche Verankerung von den meisten Zeitungen allgemein anerkannt werden, da es wohl als eine Unanständigkeit betrachtet werden wird, die Aufnahme einer in angemessenem Tone gehaltenen Berichtigung zu verweigern. Aber da es ja stets Organe gibt, die sich nicht an die Grenzen des Anstandes halten, und da die Erzwingung einer Berichtigung gerade diesen gegenüber von Bedeutung ist, wird die Strafbestimmung jederzeit ihre Berechtigung behaupten.

Aus dem Tatbestand, den § 430 aufstellt, um den Herausgeber einer Zeitung oder Zeitschrift für die Weigerung, eine Entgegnung aufzunehmen, bestrafen zu können, wird sich der Umfang und die Reichweite des Berichtigungszwanges ergeben. Zur Beleuchtung dessen seien folgende Punkte hervorgehoben:

Zur Entgegnung berechtigen nur Mitteilungen tatsächlicher Art, und das gleiche wird von der Entgegnung selbst verlangt. Somit kann eine Entgegnung auf Meinungen

---

[1]) Vgl. Retst. 1918 II S. 312, wo einem Redakteur Quellenangabe auferlegt wurde. Die einschlägigen Entscheidungen finden sich in der Retst. 1910 S. 108, 1923 S. 429, 1929 S. 911 und 1930 S. 347.

oder subjektive Urteile weder beansprucht werden, noch kann verlangt werden, daß solche als Entgegnung auf tatsächliche Angaben aufgenommen werden. Der Inhalt der tatsächlichen Mitteilungen selbst kann beliebig sein, und es ist gleichgültig, ob die Mitteilung sich in einem Inserat oder im Textteil befindet.

Die Mitteilung muß in einer Zeitung oder Zeitschrift erschienen sein. Es ist zwar nicht ausdrücklich gesagt, aber doch vorausgesetzt, daß es sich um Druckschriften handeln muß. Was hierunter zu verstehen ist, geht aus § 10 des Strafgesetzes hervor[1]).

Die Entgegnung darf ferner nichts Strafbares enthalten und nichts, was Dritten ein Entgegnungsrecht gibt. Hier ist wesentlich, daß § 430 des Strafgesetzes nicht verlangt, daß in der Entgegnung nur wahre Angaben enthalten sein dürfen. Dies mag unberechtigt erscheinen; aber infolge des Prinzips, daß das Entgegnungsrecht Gelegenheit geben soll, auch die andere Partei zu hören, ist es richtig, daß für die Entgegnung nicht das Erfordernis der Wahrhaftigkeit aufgestellt wird. Das Gesetz wollte, daß das Publikum nach Anhörung beider Parteien darüber urteilt, wer im Recht sei. Die Vorschrift, daß die Berichtigung einem Dritten kein Entgegnungsrecht geben darf, ist so zu verstehen, daß nicht eine neue Person hineingezogen werden darf, die nicht bereits ursprünglich von der Mitteilung unmittelbar betroffen wurde.

Das Entgegnungsrecht steht demjenigen zu, den die in der Zeitung oder Zeitschrift enthaltenen Angaben unmittelbar betreffen. Es kann schwierig sein, zwischen einem „Betroffenen" und „unmittelbar Betroffenen" die Grenze zu ziehen, doch wird diese Frage konkret in jedem einzelnen Fall zu entscheiden sein. Es kann nicht verlangt werden, daß der Betroffene mit Namen genannt ist, wenn der Artikel nach seinem ganzen Inhalt auf eine bestimmte Person hinweist, selbst wenn es nur diese selbst ist, die ihn versteht. Das Entgegnungsrecht steht nicht nur physischen, sondern auch juristischen Personen, sowohl privaten wie öffentlichen, Gesellschaften, Institutionen usw. zu.

Der Umfang der Entgegnung ist unbegrenzt; doch hat, sofern sie mehr als 50 Zeilen umfaßt, die Zeitung oder Zeitschrift für den überschießenden Teil Anspruch auf die für Bekanntmachungen übliche Bezahlung. Es wird angenom-

[1]) Vgl. S. 14.

men, daß ein Anspruch auf Aufnahme der Entgegnung selbst dann besteht, wenn sie in einer fremden Sprache abgefaßt ist, ohne daß der Herausgeber ein Recht hat, sie in Übersetzung aufzunehmen. Dagegen muß angenommen werden, daß der Herausgeber das Recht hat, die Entgegnung in schriftlicher Form zu verlangen.

Das Entgegnungs b e g e h r e n kann sowohl mündlich als schriftlich erhoben werden; je nach den Umständen wird die Einsendung einer schriftlich abgefaßten Entgegnung ausreichend sein. Das Begehren ist innerhalb eines Jahres nach Veröffentlichung des zu Entgegnenden v o r z u b r i n g e n, und diese Frist ist eine unbedingte, ohne Rücksicht darauf, wann der Betroffene Kenntnis von den Angaben erhielt, die ihn zur Entgegnung berechtigen.

Die Entgegnung ist u n v e r ä n d e r t aufzunehmen, in gleicher Schrift und an ebenso auffallender Stelle wie die zu berichtigende Mitteilung.

V e r p f l i c h t e t zur Aufnahme einer Entgegnung ist der Herausgeber (Redakteur) einer Zeitung oder Zeitschrift; gegen ihn richtet sich auch die Strafdrohung im Weigerungsfalle. Gemäß § 41 des Strafgesetzes kann jedoch die Frage entstehen, ob ein Untergebener zu bestrafen ist, insbesondere wenn er gegen den Befehl des Redakteurs gehandelt hat. Sind mehrere Herausgeber (Redakteure) vorhanden, so gilt hier wie anderswo, daß ihnen die Verantwortung gemeinschaftlich obliegt, falls alle gleiches Bestimmungsrecht haben, während sie im übrigen auf demjenigen lastet, der das Bestimmungsrecht für den betreffenden Teil des Blattes hat. In subjektiver Hinsicht wird gefordert, daß die Weigerung v o r s ä t z l i c h ist. Allerdings bestimmt das Gesetz, daß es als Weigerung gilt, wenn die Entgegnung bei Zeitungen nicht in der ersten oder zweiten, bei Zeitschriften in der ersten nach Eingang der Entgegnung erscheinenden und zu diesem Zeitpunkt noch nicht druckfertig abgeschlossenen Nummer erscheint; insofern könnte man annehmen, daß man es mit einem reinen Unterlassungsdelikt zu tun habe, das auch dann bestraft wird, wenn Fahrlässigkeit vorliegt (§ 40 des Strafgesetzes). Jedoch muß der Redakteur, um bestraft werden zu können, sich aller vorerwähnten Momente bewußt sein und er muß sich ferner bewußt sein, daß die Entgegnung nicht innerhalb der vom Gesetz vorgeschriebenen Zeit aufgenommen worden ist.

Es muß angenommen werden, daß § 430 des Strafgesetzes einen materiellen Rechtsanspruch auf Entgegnung gewährleistet, der durch Zivilprozeß ohne Verbindung mit einer Strafsache durchgefochten werden kann. Indessen kann dieser Anspruch wie andere Ansprüche bürgerlichen Rechts in Verbindung mit einer gegen den Herausgeber (Redakteur) gerichteten Strafklage geltend gemacht werden, und § 430 des Strafgesetzes gibt in solchen Fällen fortlaufenden Strafbefehl als Zwangsmittel anhand. Endet ein Strafverfahren mit Freispruch, so wird in der Regel über den Entgegnungsanspruch nicht erkannt werden können, selbst wenn der Freispruch nicht aus solchen Umständen begründet ist, die allein die Entgegnung selbst berühren[1]).

Hinsichtlich der Schadensersatzpflicht der Presse für Angaben, die zum Gegenstand einer Entgegnung gemacht worden sind, werden die Regeln, die im Abschnitt V A, 3, und V B, 5, aufgestellt wurden, zur Anwendung kommen. Für schädliche Angaben, bei denen eine Entgegnung verweigert wurde, gilt keine besondere Vorschrift, abgesehen davon, daß in diesem Fall der Schadensersatzanspruch in Verbindung mit einem eventuellen Strafverfahren nach § 430 des Strafgesetzes durchgefochten werden kann.

4. Gerichtsberichterstattung durch die Presse.

Die Öffentlichkeit des Prozeßverfahrens ist ein anerkanntes Prinzip des geltenden Prozeßrechts. So wenig dieses Prinzip das Gericht hindern kann, in besonderen Fällen die Öffentlichkeit auszuschließen, und zwar sowohl bei Strafprozessen, als auch bei Zivilprozessen, ebensowenig wird dieses Prinzip durch eine Einschränkung der öffentlichen Wiedergabe der Gerichtsverhandlungen verletzt, selbst wenn die Gerichtsverhandlung eine öffentliche ist.

Gemäß den einschlägigen Bestimmungen — § 131 des Gerichtsverfassungsgesetzes — sind Berichte über Gerichtsverfahren im Ermittlungsstadium von Strafsachen verboten, sofern nicht das Gericht durch Beschluß seine Zustimmung erteilt hat. Beim Zivilprozeß ist lediglich die öffentliche Wiedergabe der

---

[1]) Die obige Darstellung ist in allem Wesentlichen aufgebaut auf der Abhandlung des Staatsanwalts Carl Hartmann: „Die Berichtigungspflicht der Presse", Retst. 1915 S. 241 ff., vgl. Kjerschow S. 950 ff., und Hagerup S. 444 ff.

Verhandlungen während des Parteiverhörs, das der Hauptverhandlung vorausgeht, verboten. Doch kann auch hier das Gericht seine Zustimmung zur Veröffentlichung erteilen.

Weitere Beschränkungen der Prozeßberichterstattung der Presse gibt es nicht, es sei denn, daß das Gericht durch Beschluß im besonderen Falle die öffentliche Berichterstattung untersagt, wenn Grund zur Annahme besteht, daß diese eine schädliche Wirkung auf die Aufklärung der Sache oder die Rechtsfindung haben könne. Ein derartiges Verbot gilt jedoch nur bis zur endgültigen Urteilsfällung. Bei denjenigen Gerichtsverhandlungen, wo sich das Verbot aus dem Gesetz selbst ergibt, hat die endgültige Entscheidung des Falles keinen Einfluß auf die Veröffentlichungserlaubnis[1]).

Wenn eine Gerichtsverhandlung unter Ausschluß der Öffentlichkeit stattfindet, so kann das Gericht — gemäß Gerichtsverfassungsgesetz § 130 — beschließen, daß die Verhandlungen ganz oder teilweise, vorübergehend oder dauernd, geheim zu halten sind.

Die Übertretung der hier behandelten Vorschriften wird mit Geldstrafe nach § 199 des Gerichtsverfassungsgesetzes bestraft.

Die Beschränkungen, die somit für die Prozeßberichterstattung der Presse gelten, sind nicht weitgehend, und es sind denn auch Mißstände infolge dieser Freizügigkeit der Berichterstattung über Gerichtsverfahren, Gerichtsverhandlungen und Urteile beanstandet worden. Es ist hier nicht der Ort, auf diese Frage einzugehen, weshalb auf einen Vortrag des Rechtsanwalts am Höchstgericht Ole Röed in dem Mitgliedsblatt des Norwegischen Anwaltsvereins 1928, Nr. 14, Seite 60 ff. hingewiesen sei[2]). Doch kann hier im besonderen die Haftung der Presse für unrichtige Prozeßberichte, sowohl in zivilrechtlicher als in strafrechtlicher Hinsicht, erwähnt werden.

Hierbei ist in erster Linie die Bestimmung im § 432 des Strafgesetzes über entstellte Wiedergabe von Gerichtsverhandlungen oder Verhandlungen anderer öffentlicher Behörden durch Druckschrift zu beachten. Diese Bestimmung gilt nur für vorsätzliche Entstellungen.

---

[1]) Siehe Alten, Gerichtsverfassungsgesetz, Seite 90, abweichend hiervon Salomonsen, Strafprozeßordnung, 2. Ausgabe, II, S. 434.

[2]) Siehe auch Skeie: Unsere Injuriengesetzgebung, Abhandlungen 1913, S. 219.

Ferner können unrichtige, ja unter gewissen Umständen auch richtige Prozeßberichte von den Ehrenbeleidigungsbestimmungen des Strafgesetzes getroffen werden[1]). Eine Strafe für Ehrenbeleidigungen durch ein unrichtiges Gerichtsreferat hat indes wenig Zweck, da sie den erlittenen Schaden nicht aufwiegen wird. Als das wirkungsvollste Mittel gegen unrichtige, tendenziöse oder auf Sensation berechnete Prozeßberichte würde sich eine umfassende Schadensersatzpflicht, nicht nur für erweislichen materiellen Schaden, sondern auch in Form einer „Genugtuung für Schimpf und Schmerz" bewähren. Es ist weiter oben darauf hingewiesen worden, wie schwierig es ist, einen Verlust oder Schaden, der durch ehrverletzende oder sonstige rechtswidrige Presseäußerungen verursacht wurde, nachzuweisen. Es besteht in dieser Hinsicht kein Unterschied, wenn es sich um Prozeßberichte handelt. Sowohl bezüglich der Bedingungen für den Ersatzanspruch als für dessen Festsetzung und Umfang kann deshalb auf die Darstellung in Kapitel V A, 3, verwiesen werden.

5. Die Preßverantwortung für Anzeigen.

Auch für den Anzeigenteil der Zeitung gilt die Preßfreiheit. Dies ist grundsätzlich von großer Bedeutung, da die wesentlichsten Einnahmen der Presse aus Annoncen herrühren; eine Beschränkung auf diesem Gebiet würde daher weitreichende wirtschaftliche Folgen haben und somit den Behörden Gelegenheit geben, auf mittelbarem Wege in die Tätigkeit der Presse einzugreifen.

Indessen ist die Preßfreiheit, sowohl für Anzeigen als auch für Reklameschriften, auch ohne Verbindung mit der periodischen Presse, durch dieselben Rechtsnormen begrenzt, die vorstehend entwickelt wurden. Daneben aber gibt es eine Anzahl Gesetzesvorschriften, die ein positives Verbot von Bekanntmachungen bestimmter Art enthalten. Von diesen seien hier folgende erwähnt:

Das Gesetz vom 14. Juni 1851, vgl. Gesetz vom 27. Juli 1895 betr. Lotterie und Glücksspiel. In Verbindung mit dem allgemeinen Lotterieverbot usw. dieses Gesetzes wird auch verboten, in Zeitungen oder Zeitschriften Bekanntmachungen über ausländische Lotterien oder Verlosungen, ihre Pläne und

[1]) Näheres hierüber siehe bei Skeie S. 362 ff.

Ziehungen, sowie über ihren Losverkauf und über die Einlösung der gezogenen Gewinnlose aufzunehmen[1]).

Das Gesetz über unlauteren Wettbewerb vom 7. Juli 1922, §§ 2 und 8, 2. Absatz in beiden, enthält besondere Vorschriften für Zeitungen, Zeitschriften u. ä. bezüglich der Anzeigen und sonstigen Bekanntmachungen von Ausländern wegen der in den genannten Paragraphen behandelten Dinge. § 2 enthält ein Verbot gegen unrichtige oder irreführende Reklame, § 8 ein solches gegen das Versprechen von Zugaben beim Verkauf von Waren im Kleinhandel. Soweit es sich um derartige Anzeigen von Ausländern handelt, ist das Verbot unmittelbar gegen die betreffende Zeitung oder Zeitschrift gerichtet, der durch Klage auferlegt werden kann, die Aufnahme solcher Anzeigen zu unterlassen.

Zum besonderen Schutze des Publikums vor marktschreierischer Reklame für die sogenannten „Patentmedizinen" und anderen pharmazeutischen Spezialpräparate bestimmt das Gesetz über die Einfuhr von Apothekerwaren usw. vom 22. Juni 1928, daß übertriebene oder irreführende Reklame für Heilmittel verboten ist, ebenso wie auch die Ankündigung eines einzelnen Heilmittels oder von Gruppen von Heilmitteln oder anderen Stoffen verboten werden kann. Besonders gegen die Presse gerichtet ist die Bestimmung in § 3, 3. Absatz, wonach es verboten ist, in Zeitungen oder Zeitschriften Bekanntmachungen aufzunehmen, die zur Einfuhr von Apothekerwaren, welche gegen den § 1 dieses Gesetzes verstoßen, auffordern, oder solcher, die im übrigen gegen die Vorschriften dieses Gesetzes oder die Verordnungen, die auf Grund dieses Gesetzes erlassen werden, verstoßen.

In diesem Zusammenhang kann auch § 377 des Strafgesetzes erwähnt werden, der öffentliche Bekanntmachungen verbietet, durch die Gegenstände, deren öffentliche Ausstellung oder Vorführung infolge ihres Verwendungszwecks die Sittlichkeit verletzt, der Allgemeinheit angeboten werden. In einer bestimmten Verbindung, nämlich mit Hinsicht auf Präventivmittel, hat die Handhabung dieser Strafbestimmung eine deutliche Veränderung in liberaler Richtung erfahren, da man nach neuerdings getroffenen Entscheidungen davon ausgehen muß, daß die Feilbietung derartiger Gegenstände durch Anzeigen nicht zu be-

---

[1]) Vgl. Retst. 1930 S. 431.

hindern sei, solange das betreffende Inserat in einer Form gehalten ist, welche die Sittlichkeit nicht verletzt. Übrigens berührt das hier erwähnte Verbot nur mittelbar die Presse, da Mitwirkung nicht strafbar ist.

Auch anderwärts in der Spezialgesetzgebung und im Strafgesetz findet sich eine Reihe von Bestimmungen, die nicht nur im Textteil der Zeitungen, sondern ebenso wirksam und vielleicht mindestens so häufig durch Bekanntmachungen im Anzeigenteil übertreten werden können. Als Beispiele aus dem Strafgesetz können besonders § 129 (unbefugte Ausübung eines öffentlichen Amts), § 133 (ungesetzliche Mannschaftswerbung), § 140 (Aufforderung zu strafbaren Handlungen), § 141 (Verleitung zur Auswanderung durch falsche Vorspiegelungen), § 153, 2. Absatz (Verbreitung gesundheitsgefährlicher Stoffe), § 157, Nr. 1 (Verbreitung falscher Heilmittel usw.), § 158 (Verschuldung von Hungersnot oder Teuerung durch Ausstreuung falscher Nachrichten), § 211, Nr. 1b (Verbreitung von unzüchtigen Schriften, Bildern u. ä.), § 294, Nr. 1 (Schädigung durch unrichtige oder irreführende Auskünfte) erwähnt werden.

Alle hier aufgezählten Vergehen können, wie ohne weiteres vorstellbar, durch Bekanntmachungen in der Presse begangen werden, und, da alle Mittäterschaft vorsehen, wird auch der Verantwortliche in der betreffenden Zeitung von der Strafvorschrift betroffen werden können, sofern die subjektiven Voraussetzungen vorliegen.

Außerdem erstreckt sich die Preßverantwortlichkeit für Inserate auch auf die zivilrechtliche Schadensersatzpflicht. Es ist hier auf das Höchstgerichtsurteil in der Retsť. 1923 S. 373 zu verweisen, das eine Zeitung zu Schadenersatz für rechtswidrige Annoncen verurteilte und aussprach, daß keine grundsätzliche Unterscheidung zwischen Textteil und Inseratenteil eines Blattes stattzufinden hat, wenn es sich um die Sorgfalt des Blattes handelt. Indessen wird wohl angenommen werden dürfen, daß schon etwas mehr dazu gehört, um Mangel an Sorgfalt zu konstatieren, wenn es sich um Inserate handelt. Was im übrigen Vorbedingungen, Umfang und Art der Geltendmachung des Schadensersatzanspruches betrifft, so werden dieselben Regeln zur Anwendung kommen, die im Abschnitt über die allgemeine Ersatzpflicht der Presse, V A, 3, entwickelt worden sind.

Daß der Text von Zeitungen oft in Widerspruch mit den Anzeigen der gleichen Zeitung steht und daß auch die Anzeigen untereinander, sogar in ein und derselben Nummer einander widersprechen, kann häufig wahrgenommen werden. Aber ausschließlich aus diesem Grunde wird der Inserent höchst selten einen Ersatzanspruch geltend machen können. Dies würde in einem bedenklichen Grad die „Preßfreiheit", oder besser gesagt in diesem Fall die Unabhängigkeit der Presse beschränken. Es kann auch nicht angenommen werden, daß für eine solche Ersatzpflicht ein starkes Bedürfnis vorliegt. Die Dinge werden sich in der Mehrzahl der Fälle von selbst regulieren. Eine Zeitung wird stets, mag man dies nun billigen oder nicht, darauf achten, einen großen Inseratenkunden nicht zu verärgern, der wiederum seinerseits einen wirksamen Druck in dieser Richtung ausüben kann, indem er der Zeitung seine Inserate entzieht.

Bezüglich der sogenannten „Textinserate", d. h. bezahlter Notizen im redaktionellen Teil der Zeitung, welche nicht als Inserate hervortreten oder kenntlich sind, gilt, hinsichtlich der Verantwortung, nichts Besonderes. Reklame durch derartige Annoncen ist allerdings in Norwegen so gut wie unbekannt und wird unter allen Umständen infolge der ungeschriebenen Gesetze des Journalistenstandes als ungehörig betrachtet werden. Rechtlich gesehen steht einer solchen Reklame an und für sich kaum etwas im Wege, abgesehen von den Fällen, die von § 10 des Gesetzes über unlauteren Wettbewerb — Bestechung von Angestellten zu Wettbewerbszwecken — getroffen werden.

Selbst wenn keine direkte Bezahlung für wohlwollende redaktionelle Besprechung in einer Zeitung geleistet wird, gehört es bei der Presse nicht zum guten Ton, sich zu „Textreklamen" herzugeben, wenn diese die Auswirkung einer geschäftlichen Verbindung zwischen der Zeitung und dem Betreffenden sind. Je verhüllter sie sind, desto weniger sind sie als guter Pressebrauch anzusprechen.

Die Frage der Verantwortung der Presse gegenüber dem Inserenten wegen fehlerhafter Anzeigen muß nach allgemeinen obligationsrechtlichen Regeln über die Ersatzpflicht bei Vertragsverhältnissen entschieden werden. Allgemein etwas darüber zu sagen, wie groß oder wie geartet der Fehler sein muß, um eine solche Haftung auszulösen, ist unmöglich. Seiner

Natur nach muß ein Anzeigenvertrag entweder als Kauf oder als Werksmiete betrachtet werden und somit den Bestimmungen im Kaufgesetz vom 24. Mai 1907, besonders dessen § 2, unterworfen sein.

6. Kapitel.

Schutz des Nachrichtenstoffs der Presse.

Obwohl es außerhalb des für dieses Werk gezogenen Rahmens liegt, die Rechtsregeln über den urheberrechtlichen Schutz der Presse im allgemeinen zu behandeln, ist es doch erforderlich, eine einzelne Bestimmung in dem neuen Gesetz über Geisteserzeugnisse vom 6. Juni 1930, das am 1. Januar 1931 in Kraft getreten ist, zu erwähnen. In § 3, Nr. 3 dieses Gesetzes wird bestimmt: „Ohne Schutz nach diesem Gesetz sind: 3. Tagesneuigkeiten und andere journalistische Mitteilungen durch Zeitungen, Zeitschriften und Radio. Doch sind ausländische Telegramme und Rundfunkmeldungen während der ersten 16 Stunden nach ihrer Veröffentlichung in Norwegen gegen Nachdruck und jegliche öffentliche Mitteilung geschützt. Selbst wo nach dem Vorangegangenen die Wiedergabe gestattet ist, muß die Quelle deutlich angegeben werden."

Diese Bestimmung gehört an und für sich nicht in ein Gesetz über Urheberrechtsschutz, wurde jedoch nach starkem Druck von Presseseite, wenn auch in etwas modifizierter Form, aufgenommen, um dem Wunsch speziell der hauptstädtischen Zeitungen Rechnung zu tragen, die Früchte ihres kostspieligen ausländischen Nachrichtendienstes möglichst ungekürzt zu ernten. Man hatte nämlich angenommen, daß das Gesetz über unlauteren Wettbewerb vom 7. Juli 1922 auf die Benutzung von Telegrammen durch Konkurrenten keine Anwendung finden könne.

7. Kapitel.

Besondere prozessuale Regeln für die Presse. Beschlagnahme und Einziehung. Verbot.

Die Vorschriften dieser Art sind nicht zahlreich, da die Presse, wie eingangs erwähnt, den gleichen Rechtsregeln unterworfen ist, die für jeden Bürger gelten. Die besonderen Verhältnisse, die Sonderbestimmungen für die Presse notwendig machten, haben jedoch dazu geführt, daß man es in verschiedenen Beziehungen für notwendig befunden hat, auch Sondervorschriften in prozessualer Hinsicht zu machen.

§ 212 der Strafprozeßordnung bestimmt, daß „Dinge, von welchen anzunehmen ist, daß sie von Bedeutung als Beweismittel sind, oder daß sie als verbrecherischen Ursprungs zu kennzeichnen sind", „beschlagnahmt werden können"; ferner bestimmt § 35, daß „Gegenstände, deren eigentliche Bestimmung es ist, als Mittel bei der Verübung einer strafbaren Handlung zu dienen, soweit es im öffentlichen Interesse gelegen ist, durch Urteil eingezogen werden können, gleichgültig, wessen Eigentum sie seien, und ohne daß ein Strafverfahren gegen irgendwen zu schweben oder erhoben werden zu können braucht". § 34 des Strafgesetzes schreibt als Strafe gerichtliche Einziehung von Gegenständen vor, die bei einer strafbaren Handlung ermittelt wurden, sofern sie einem an der strafbaren Handlung Schuldigen gehören.

Diese Bestimmungen sind auch auf die Presse anzuwenden; aber außerdem enthält das Strafgesetz besondere Bestimmungen über die Einziehung von Druckschriften in den §§ 323 und 435. § 323 des Strafgesetzes lehnt sich in seinem Inhalt eng an § 35 an, hat aber selbständige Bedeutung u. a. durch die Vorschrift, daß die Einziehung nicht nur die Druckschrift selbst, sondern auch die zum Zwecke des Drucks verfertigten Platten und Formen umfassen kann, also Gegenstände, von denen man nicht ohne weiteres annehmen könnte, daß sie nach der Ausdrucksweise des § 35 mit einbegriffen sind[1]).

Ferner enthält § 323 die wichtige Bestimmung, daß die Einziehung unanwendbar ist auf Exemplare, die der Allgemeinheit nicht zugänglich sind, oder die sich in solchen Händen befinden, von denen weitere Verbreitung nicht zu erwarten ist. Für Zeitungen und Zeitschriften hat diese Vorschrift vielleicht kein so großes Interesse, obwohl es selbst hier noch von Bedeutung sein kann, daß Exemplare im gewöhnlichen Privatbesitz nicht eingezogen werden können.

Weiter ist § 433 des Strafgesetzes zu beachten, der mit einer besonderen Strafe belegt, wer eine als beschlagnahmt erklärte oder eingezogene Druckschrift neu auflegt, feilhält, zum Verleih ausbietet oder sonst zu verbreiten sucht.

---

[1]) Siehe im übrigen Skeie S. 437/439.

Darüber, was nach § 212 der Strafprozeßordnung zur Beschlagnahme einer Druckschrift erforderlich ist, wird auf die Retst. 1907, S. 323 verwiesen, wo hervorgehoben wird, daß die Beschlagnahme einer Schrift ein vorläufiger Schritt ist und dann vorgenommen werden kann, wenn glaubhaft gemacht wird, daß eine Strafe oder Einziehung in Frage kommen kann, ohne daß jedoch in diesem Stadium der Verfolgung absolute Gewißheit in dieser Hinsicht gefordert wird.

Die Frage, wann Einziehung zu erfolgen hat, ist nach § 323 des Strafgesetzes, der von Schriften verbrecherischen Inhaltes spricht, der Entscheidung des Gerichtes je nach den Umständen in jedem einzelnen Fall überlassen. Laut § 435 des Strafgesetzes soll eine Schrift immer eingezogen werden, wenn es sich um Vergehen gegen § 432 und 433 des Strafgesetzes (entstellte Darstellungen von Gerichtsverhandlungen oder Verhandlungen anderer öffentlicher Behörden und Verbreitung einer beschlagnahmten Schrift) handelt. Bei Verletzung der §§ 428 und 429 des Strafgesetzes (Angabe des Namens oder der Firma des Druckers, des Druckortes und des Herausgebernamens) kann Einziehung je nach Ermessen des Gerichtes im einzelnen Fall beschlossen werden. Bei Verletzungen des Friedens des Privatlebens, sofern sie durch Druckschriften verübt sind, gilt das gleiche, § 390 des Strafgesetzes, 3. Abschnitt. Schließlich ist die Vorschrift in § 435, letzter Abschnitt, zu erwähnen, die denjenigen betrifft, der im Laufe eines Jahres dreimal wegen §§ 428, 429, 432 oder 433 verurteilt wird und dem im Urteil für das letzte Vergehen für die Dauer von bis zu 5 Jahren das Recht aberkannt werden kann, das Gewerbe als Drucker oder Verleger oder als Herausgeber von Zeitungen oder Zeitschriften zu betreiben.

Die Aberkennung des Rechtes zum Betrieb derartiger Gewerbe kann auch als Zusatzstrafe bei einer Verurteilung für andere strafbare Handlungen, z. B. aus § 140 des Strafgesetzes, verhängt werden.

Verfahren wegen Beschlagnahme und Einziehung ohne gleichzeitigen Strafantrag können von einem Privatkläger nicht in Form eines Strafprozesses eingeleitet werden, da § 2 der Strafprozeßordnung ausschließlich dem öffentlichen Ankläger das Recht hierzu gibt, siehe Retst. 1908 S. 573. Der private Kläger muß gegebenenfalls seine Ansprüche in dieser

Richtung auf zivilprozessualem Weg betreiben, falls er nicht Strafantrag stellt.

Es gibt weder in der Strafprozeßordnung, noch in anderen Gesetzen Bestimmungen, welche die Behörden berechtigen, im öffentlichen Interesse für kürzere oder längere Zeit ein Verbot gegen die Herausgabe einer Zeitung oder Zeitschrift zu erlassen[1]).

Bei rein privatrechtlichen Beziehungen wird vielleicht die Möglichkeit gegeben sein, eine einzelne Nummer einer Zeitung oder Zeitschrift gemäß den Vorschriften in Kapitel 15 des Zwangsvollstreckungsgesetzes zu verbieten, um eine Forderung nichtgeldlicher Art sicherzustellen, wenn das Verhalten des Betreffenden Grund zu der Befürchtung gibt, daß die Verfolgung oder Durchführung der Forderung sonst gefährdet wäre. Diese Vorschrift wird möglicherweise dort Anwendung finden können, wo z. B. einem Privatmann bekannt ist, daß in einer Zeitung die rechtswidrige Veröffentlichung einer Sache beabsichtigt ist, an deren Nichtveröffentlichung er ein berechtigtes Interesse besitzt. Übertretung eines solchen Verbots wird gegebenenfalls aus § 343 des Strafgesetzes zu bestrafen sein, der die allgemeine Strafbestimmung gegen denjenigen enthält, der einem in den Formen des Gesetzes ausgesprochenen Verbot zuwiderhandelt[2]).

Als eine besondere Bestimmung von Interesse für die Presse — ob man sie nun ausschließlich als strafrechtliche Bestimmung oder in Verbindung mit den speziellen prozessualen Regeln betrachtet — sei zum Schluß § 254, 2. Abschnitt des Strafgesetzes erwähnt, der es ermöglicht, dem H e r a u s g e b e r einer öffentlichen Zeitung oder Zeitschrift die Pflicht aufzuerlegen, in dieser das gesamte Urteil zu veröffentlichen, das gegen jemanden wegen einer in dem Blatt veröffentlichten Ehrenbeleidigung gefällt wurde. Diese Bestimmung findet entsprechende Anwendung bei Verbrechen gegen § 130 des Strafgesetzes. Falls der Herausgeber nicht selbst der Verurteilte ist, wird er immerhin in das Strafverfahren gegen den Beleidiger hineingezogen werden können, und es wird in diesem Verfahren Antrag auf derartige Bekanntgabe des Urteils gestellt werden können. Ein

[1]) Hierüber Näheres im nachfolgenden Abschnitt.

[2]) Vgl. hier die oben erwähnten Bestimmungen in §§ 2, 8 und 9 des Gesetzes über unlauteren Wettbewerb, die ebenfalls die Möglichkeit geben, durch Urteilsspruch ein Verbot gegen Wiederholung bestimmter Handlungen zu erwirken.

selbständiges Verfahren gegen den Herausgeber in strafprozessualen Formen einzuleiten, besteht keine Möglichkeit[1]). Es ist jedoch zweifelhaft, ob nicht die hier behandelte Pflicht zur Bekanntmachung als eine Zusatzstrafe zu betrachten ist und somit ausschließlich dann gegenüber dem Herausgeber angewandt werden kann, wenn dieser selbst als Beleidiger abgeurteilt wurde, vgl. Retst. 1917, S. 71.

Bezüglich der Verjährungsvorschriften des Strafgesetzes, und zwar sowohl mit Bezug auf öffentliche Anklage als auf die Einleitung eines Strafverfahrens überhaupt, gelten, im Gegensatz zu dem Zustand unter dem alten Strafgesetz, keine Sonderregeln. In dieser Beziehung gelten für Preßdelikte durchweg dieselben Vorschriften wie für alle anderen strafbaren Handlungen, vgl. S.K.M., S. 124.

Zuständiger Gerichtsort für die Anklage wegen strafbarer Handlungen durch die Presse ist der Rechtsbezirk, in dem die Schrift veröffentlicht und wo folglich das Vergehen verübt wurde, § 136 der Strafprozeßordnung[2]).

Schließlich enthält § 89, 2 der Strafprozeßordnung die Vorschrift, daß der Reichsanwalt selbst die Frage der Anklage zu entscheiden hat, wenn es sich um Verbrechen durch Druckschriften handelt.

8. Kapitel.

Außerordentliche Maßnahmen gegenüber der Presse.

Die norwegische Verfassung gibt den Behörden keine Möglichkeit, die Preßfreiheit zeitweilig mit Rücksicht auf die Sicherheit des Reiches oder zur Aufrechterhaltung der Ordnung im Innern einzuschränken oder aufzuheben.

Man könnte vielleicht denken, daß die Ermächtigung des Königs zu provisorischen Verordnungen nach § 17 der Verfassung das Recht zum Erlaß von „Ausnahmegesetzen“ dieser Art enthalte. Aber die Begrenzung, die in dieser Bestimmung selbst für den Inhalt solcher Verordnungen gegeben ist, wird jede Einschränkung oder Aufhebung der Preßfreiheit verhindern. Zunächst dürfen provisorische Verordnungen nichts

---

[1]) Vgl. hierüber Kjerschow S. 630/631, Skeie S. 434/437 und Urbye S. 186/187.

[2]) Vgl. Retst. 1918 S. 303. Siehe auch Hagerup, Strafrecht, S. 123/124.

anderes betreffen als „Handel, Zölle, Wirtschaft und Polizei". Wie weit man auch diese Ausdrücke dehnen will, Maßregeln der hier zu behandelnden Art werden mit Rechtskraft aus dem § 17 der Verfassung nicht verfügt werden können. Darüber hinaus ist jedoch völlig entscheidend die Begrenzung, die sich aus der Vorschrift ergibt, daß provisorische Verordnungen nicht gegen die Verfassung und die vom Storthing gegebenen Gesetze verstoßen dürfen. Da die Preßfreiheit, wie früher dargetan, durch § 100 der Verfassung gesichert ist, ist es klar, daß keine provisorische Verordnung an ihr rütteln kann.

Tatsächlich haben die öffentlichen Behörden keine Handhabe, um gegenüber der Presse durchzugreifen, bloß weil sie erwarten oder befürchten, daß diese sich strafbarer Handlungen schuldig machen werde. Die Beschlagnahmebestimmungen der Strafprozeßordnung finden keine Anwendung außerhalb ihres eigenen Gebiets, das durch Kapitel I des Gesetzes festgelegt ist; wie früher erwähnt, kann eine Beschlagnahme nicht durchgeführt werden, ohne daß eine Handlung begangen worden ist, die glaubhaft macht, daß Strafe oder Einziehung in Frage kommen, vgl. wiederum Retst. 1907, S. 323.

Während des Weltkrieges erging ein Gesetz vom 24. Juni 1915, betreffend die Kontrolle von Post- und Telegrammsendungen, wonach der König oder ein Bevollmächtigter Vorschriften über die Untersuchung und Zurückhaltung von Postsendungen und Telegrammen verordnen kann, wenn dies für die Sicherheit des Reiches erforderlich erscheint.

Außerhalb der Kriegszeit kann diese Kontrolle sich jedoch nur auf Sendungen an und von Personen erstrecken, welche eines Verbrechens gegen das Gesetz über die Geheimnisse der Landesverteidigung vom 18. August 1914 oder gegen Kapitel 8 oder 9 des Strafgesetzes (Verbrechen gegen die Selbständigkeit und Sicherheit des Staates sowie gegen Norwegens Staatsverfassung und Staatsoberhaupt) verdächtigt werden.

Es ist denkbar, daß dieses Gesetz der Wirksamkeit der Presse große Schwierigkeiten bereiten kann, ohne daß es als ein Widerspruch zum § 100 der Verfassung anzusehen wäre. Und soweit Anwendung „außerhalb der Kriegszeit" in Betracht kommt, ermöglicht es kaum andere Vorsichtsmaßregeln als diejenigen, die bereits nach dem Beschlagnahmekapitel der Strafprozeßordnung, insbesondere §§ 217 und 218, möglich sind.

Angriffe der gesetzgebenden Behörde gegen die Preßfreiheit sind stets von der öffentlichen Meinung mit starkem Unwillen aufgenommen worden. So wurde während des Weltkrieges ein bedenklicher Versuch, die Presse durch eine Gesetzesbestimmung zu knebeln, die den ursprünglichen § 95 des Strafgesetzes (siehe Ot. prp. Nr. 19 — 1917) ersetzen sollte, mit fast einstimmigem Protest abgewehrt und konnte denn auch nicht zur Durchführung gelangen.

Alles in allem muß man sagen, daß die Freiheit der Presse in Norwegen besonders weit und gesichert ist.

9. Kapitel.

Anwendung des norwegischen Preßrechts gegenüber der ausländischen Presse und auf im Auslande begangene Handlungen.

Es versteht sich von selbst, daß die Vorschriften des norwegischen Preßrechts über die Ausübung des Preßgewerbes, vom Absatz innerhalb des Landes abgesehen, sowie die übrigen zivilrechtlichen Vorschriften ausschließlich gegenüber Zeitungen und Zeitschriften zur Anwendung kommen, welche im Inlande herausgegeben, d. h. zuerst veröffentlicht werden. Ob sie im Ausland gedruckt sind, ist in diesem Zusammenhang bedeutungslos.

Ebenso kommen diejenigen Vorschriften, die am ehesten als Ausführungsbestimmungen zu betrachten sind, einzig und allein gegenüber Schriften zur Anwendung, die im Inlande gedruckt oder herausgegeben werden. Dies gilt z. B. für die Vorschriften über die Namensangabe des Druckers, des Herausgebers (Redakteurs) und des Druckortes, sowie für die Bestimmung über die Abgabe von Gratisexemplaren an verschiedene Institutionen.

Bei Handlungen, die durch im Ausland herausgegebene Druckschriften entweder von einem norwegischen Staatsbürger oder einer in Norwegen ansässigen Person oder von einem Ausländer verübt wurden, findet das norwegische Strafgesetz gemäß seinem § 12 Anwendung. Bedingung ist, daß die betreffende Handlung zu den im genannten Paragraphen besonders aufgezählten gehört und daß sie auch nach den Gesetzen des Landes, in dem sie begangen wurde, strafbar ist. Handelt es sich um einen Ausländer, so tritt die Bedingung hinzu, daß der

Schuldige in Norwegen Wohnsitz hat oder sich aufhält. Bei norwegischen Staatsbürgern oder in Norwegen ansässigen Personen wird nach Maßgabe der hierfür geltenden Regeln und Übereinkünfte Auslieferung verlangt werden können[1]).

Die Preßfreiheit selbst — Freiheit vor der Zensur, Freiheit von Eingriffen durch die Verwaltung, Freiheit gegen Beschlagnahme und Einziehung, außer in den im Gesetz bestimmten Fällen, Freiheit von besonderen Steuern und Abgaben — gilt in gleichem Maße für ausländische wie für inländische Zeitungen und Zeitschriften.

Was insbesondere die Einfuhr ausländischer Schriften angeht, so wird auf das oben zitierte Höchstgerichtsurteil in der Retst. 1922, S. 41, hingewiesen, welches Erklärungen enthielt, die dahin zu deuten scheinen, daß ein Einfuhrverbot gegen Druckschriften dem § 100 der Verfassung widersprechen würde, soweit das Verbot durch den Wunsch verursacht ist, den Inhalt der betreffenden Schriften zu unterdrücken. Ein Verbot aus anderen Gründen, z. B. zum Schutz gegen ansteckende Krankheiten, möglichenfalls auch aus zollpolitischen Gründen, würde indessen voraussichtlich respektiert werden müssen. Zur Zeit ist die Einfuhr von Druckschriften gänzlich zollfrei, und es ist anzunehmen, daß auch keine Veranlassung bestehen wird, einen Zoll in prohibitiver Absicht zu erheben, bloß um auf diese Weise die geistige Einwirkung durch bestimmte Schriften oder durch Schriften aus einem bestimmten Lande zu unterdrücken. Verstößt jedoch der Inhalt einer eingeführten Schrift gegen eine Bestimmung des Strafgesetzes, z. B. die der Verbreitung von unzüchtigen Schriften, so wird Beschlagnahme und Einziehung erfolgen und evtl. Strafverfolgung gegen den hier befindlichen Importeur, Wiederverkäufer usw., der die Schrift verbreitet oder an ihrer Verbreitung teilnimmt, ungeachtet der Regeln in § 12 des Strafgesetzes, eingeleitet werden können, da deren Handlungen in diesem Falle hier im Reiche verübt worden sind.

---

[1]) Vgl. eingehender bei Hagerup, Strafrecht, S. 101 ff.

Anhang.

Gesetzestexte.

Verfassung des Königreichs Norwegen vom 17. Mai 1814.

§ 100.

Druckfreiheit wird gewährleistet. Niemand kann für eine Schrift, gleichgültig welchen Inhalts, die er hat drucken oder herausgeben lassen, bestraft werden, es sei denn, daß er vorsätzlich und offenbar Ungehorsam gegen die Gesetze, Geringschätzung der Religion, Sittlichkeit oder der verfassungsmäßigen Gewalten, Widerstand gegen deren Vorschriften selbst bezeigt oder andere hierzu angestiftet, oder falsche und ehrverletzende Beschuldigungen gegen jemand vorgebracht hat. Freimütige Äußerungen über die Staatsverwaltung oder jeden anderen Gegenstand sind jedermann erlaubt.

Allgemeines bürgerliches Strafgesetz vom 22. Mai 1902.

23. Kapitel.

Ehrenbeleidigungen.

§ 246.

Wer einem anderen rechtswidrig durch Wort oder Tat eine Ehrenbeleidigung zufügt, oder bei einer solchen mitwirkt, wird mit Geldstrafe oder mit Gefängnis bis zu 6 Monaten bestraft.

§ 247.

Mit Geldstrafe oder Gefängnis bis zu 6 Monaten wird bestraft, wer zu bewirken oder dabei mitzuwirken sucht, daß etwas Glauben findet, was geeignet ist, dem guten Namen oder Ruf eines anderen zu schaden, oder ihm Haß, Geringschätzung oder Verlust des für seine Stellung oder seinen Beruf notwendigen Vertrauens zuzuziehen.

Ist die Beschuldigung durch Druckschrift erhoben oder auf andere Weise allgemein bekanntgemacht, oder ist sie gegen einen öffentlichen Beamten im Dienst oder wegen einer öffentlichen Amtshandlung oder aus Rache für eine solche erhoben worden, so kann Gefängnis bis zu 1 Jahr verhängt werden.

§ 248.

Hat der nach § 247 Schuldige gegen besseres Wissen gehandelt, so wird er mit Gefängnis bis zu 3 Jahren bestraft.

Unter besonders mildernden Umständen kann auf Geldstrafe erkannt werden.

§ 249.

1. Eine Bestrafung nach § 247 erfolgt nicht, sofern Beweis für die Wahrheit der Beschuldigung geführt wird. Die Führung dieses Beweises ist nicht zulässig wegen einer strafbaren Handlung, derentwegen der Beschuldigte durch endgültiges Urteil im In- oder Ausland freigesprochen wurde.

2. Auf den, der zur Äußerung verpflichtet oder gezwungen war, oder der sich in berechtigter Wahrnehmung eigener oder der Interessen Anderer geäußert hat, oder dessen Äußerung nicht öffentlich vorgebracht wurde, ist Strafe nach § 247 nicht anwendbar, es sei denn, daß er Mangel an gebührender Sorgfalt gezeigt habe.

3. Die Bestimmungen in Nummer 1 und 2 dieses Paragraphen hindern nicht, daß eine Äußerung nach § 246 bestraft wird, wenn sie nach ihrer Form, oder nach der Art und Weise, wie, oder nach den Umständen, unter welchen sie geschieht, oder aus anderen Gründen, ungeachtet ihrer Wahrheit, als ungebührlich angesehen werden muß.

4. In jedem Falle, wo eine Äußerung, ungeachtet ihrer Wahrheit, nach § 246 als ungebührlich verfolgt wird, ist Wahrheitsbeweis ausgeschlossen.

§ 250.

Wurde die Ehrenbeleidigung vom Beleidigten selbst durch ungebührliches Benehmen hervorgerufen oder durch eine Körperverletzung oder Ehrenbeleidigung vergolten, so kann Bestrafung entfallen.

§ 251.

Wegen der in §§ 246 und 247 behandelten Verbrechen erfolgt keine öffentliche Anklage.

Wegen der in § 248 behandelten Verbrechen erfolgt keine öffentliche Anklage, sofern sie nicht vom Beleidigten begehrt wird.

Wurde ein in diesem Kapitel behandeltes Verbrechen gegen jemand verübt, während er sich in Ausübung eines öffentlichen Amts befand, oder wurde es wegen einer Amtshandlung verübt, oder wurde jemand, der öffentlicher Beamter ist oder im betreffenden Zeitpunkt war, wegen einer Handlung oder eines Umstandes beschuldigt, die ihm Strafe oder Amtsverlust zuziehen könnte, so kann öffentliche Anklage jederzeit stattfinden.

§ 252.

Die in diesem Kapitel als strafbar bezeichneten Handlungen bleiben auch dann zu bestrafen, wenn sie gegen das Andenken eines Toten gerichtet sind. Doch ist hier die Strafe in den in §§ 246 und 247 behandelten Fällen auf Geldstrafen und in den in § 248 behandelten auf Geldstrafen oder Gefängnis bis zu 3 Monaten herabzusetzen.

Öffentliche Anklage erfolgt in keinem Falle.

Zur Klageerhebung berechtigt ist der Ehegatte des Verstorbenen, seine Eltern, Kinder, Geschwister und Erben.

Eine Ehrenbeleidigung, die gegen jemand 10 Jahre nach seinem Tod verübt wurde, kann nur dann unter Anklage gestellt werden, wenn sie unter § 248 fällt.

§ 253.

In allen Fällen, wo Beweis für die Wahrheit der Beschuldigung zugelassen ist, kann der Beleidigte verlangen, daß das Gericht, sofern der Wahrheitsbeweis nicht als geführt erachtet wird, die Beschuldigungen für null und nichtig erklärt.

§ 254.

Das Gericht kann auf Antrag dem Verurteilten die Zahlung eines Betrages an den Beleidigten, in einer durch das Urteil zu bestimmenden Höhe, auferlegen zwecks Bestreitung der Unkosten der Bekanntmachung entweder nur des erkennenden Teiles oder des erkennenden Teiles in Verbindung mit den Urteilsgründen in einer oder mehreren öffentlichen Zeitungen.

Wurde die Beleidigung in einer öffentlichen Zeitung oder Zeitschrift erhoben, so kann auf Antrag des Beleidigten dem Herausgeber unter fortlaufendem Strafbefehl die Aufnahme sowohl der Urteilsgründe als des Tenors auferlegt werden. Die Publikation, welche ohne Entschädigung und an der Spitze der Zeitung oder Zeitschrift erfolgt, hat innerhalb einer Woche nach Empfang der dazu bestimmten Abschrift zu geschehen, oder, wenn dies innerhalb dieser Zeit unmöglich ist, in der ersten danach erscheinenden Nummer.

32. Kapitel.

Verbrechen durch Druckschrift.

§ 322.

Der Herausgeber (Redakteur) einer Druckschrift verbrecherischen Inhalts ist, sofern er nicht nach allgemeinen Regeln haftet, als Herausgeber (Redakteur) zu bestrafen — doch in keinem Falle mit höherer Strafe als mit Geldstrafe oder Gefängnis bis zu 1 Jahr —, sofern

1. der Verfasser unbekannt ist und dem Gericht auf Verlangen nicht genannt wird, wenn Untersuchung bei Gericht eingeleitet ist, oder sobald Einspruch gegen die Strafverfolgung durch endgültiges Rechtserkenntnis verworfen wurde, oder
2. der Verfasser nicht bestraft wird, und der Herausgeber bei der Herausgabe Kenntnis von Umständen besaß, die es wahrscheinlich machten, daß der Verfasser nicht bestraft werden könne, oder daß er sich der Strafe zu entziehen beabsichtige, oder

3. der Herausgeber bei der Herausgabe wußte, daß der Verfasser weniger als 18 Jahre alt war oder daß ihm durch Urteil die in § 29 Nr. 2 erwähnten Rechte aberkannt waren.

Doch ist er straffrei, falls die Umstände ihn zu der Annahme berechtigten, daß die Schrift keinen verbrecherischen Inhalt hatte.

Was oben für den Herausgeber bestimmt ist, findet entsprechende Anwendung gegen den Verleger, sofern einer der in Nr. 1 bis 3 dieses Paragraphen erwähnten Umstände sowohl auf den Herausgeber als auf den Verfasser zutrifft, und gegen den Drucker, sofern er auch auf den Verleger zutrifft.

§ 323.

Eine Druckschrift verbrecherischen Inhaltes kann durch Urteil eingezogen werden ohne Rücksicht darauf, ob jemand ihretwegen bestraft wird, oder sogar, wenn der Verfasser auf Grund der in § 249 Nr. 2 genannten oder anderer Strafausschließungsgründe überhaupt nicht bestraft werden kann.

Im Urteil ist der die Einziehung begründende Teil der Schrift anzugeben. Bei der Vollstreckung des Urteils sind die übrigen Teile auf Verlangen und Kosten des Betreffenden, falls möglich, auszusondern und zurückzuliefern.

Die Einziehung kann auch zum Druck verfertigte Platten und Formen umfassen; der zu diesen benutzte Satz ist auf Verlangen und Kosten des Betreffenden an Stelle der Einziehung abzulegen.

Vorstehende Bestimmungen sind nicht anwendbar auf Exemplare, die der Allgemeinheit nicht zugänglich sind, und die sich in Händen befinden, von wo aus weitere Verbreitung nicht zu besorgen ist.

43. Kapitel.

Durch Druckschrift begangene Übertretungen.

§ 428.

Wer es unterläßt, seinen Namen oder Firma samt Druckort auf einer von ihm gedruckten Schrift anzugeben — ausgenommen Stimmzettel, Preiskataloge, Formulare und dergleichen — oder wer eine unrichtige Angabe macht, wird mit Geldstrafe bestraft.

§ 429.

Wird der Herausgeber (Redakteur) einer Zeitung oder Zeitschrift in derselben nicht als solcher angegeben, so wird sowohl er als der Verleger mit Geldstrafe bestraft.

Wird eine andere Person als der wirkliche Herausgeber angegeben, so wird sowohl dieser als der Verleger als auch der unrichtig Angegebene, sofern die Angabe mit seinem Einverständnis geschehen ist, mit Geldstrafe oder mit Gefängnis bis zu 3 Monaten bestraft.

§ 430.

Mit Geldstrafe wird der Herausgeber einer Zeitung oder Zeitschrift bestraft, wenn er sich auf Verlangen eines unmittelbar Betroffenen weigert, eine Entgegnung auf in der Zeitung oder Zeitschrift enthaltene Angaben tatsächlicher Art unverändert aufzunehmen, sofern die Entgegnung innerhalb eines Jahres nach Veröffentlichung des zu Entgegnenden erfolgt, sich selbst auf tatsächliche Angaben beschränkt, nichts Strafbares enthält und keinem Dritten ein Entgegnungsrecht gibt. Außerdem kann er durch Urteil unter fortlaufendem Strafbefehl gezwungen werden, die Entgegnung aufzunehmen.

Eine Weigerung wird als vorliegend erachtet, wenn die Entgegnung nicht — sofern es sich um Zeitungen handelt, in der ersten oder zweiten — und — sofern es sich um Zeitschriften handelt, in der ersten — nach Empfang erscheinenden Nummer der Zeitung oder Zeitschrift, sofern sie nicht bereits druckfertig war, und in ebenso hervortretender Schrift und an ebenso auffallender Stelle wie das zu Entgegnende enthalten ist. Nimmt sie mehr als 50 Zeilen ein, so besteht für den überschießenden Teil Anspruch auf die für Bekanntmachungen übliche Bezahlung.

Öffentliche Anklage findet ausschließlich auf Antrag des Beleidigten statt.

§ 431.

Der Herausgeber einer Zeitung oder Zeitschrift, der etwas zum Druck befördert, was ihm, wenn er nachweislich seinen Inhalt gekannt hätte, Strafverantwortlichkeit gemäß einer anderen Vorschrift dieses Gesetzes zugezogen hätte, wird mit Geldstrafe bestraft.

Enthielt das Gedruckte ein Verbrechen, das, wenn der Herausgeber nachweislich den Inhalt gekannt hätte, ihm Gefängnis über 6 Monate oder andere gleich hohe Strafen eingetragen hätte, so kann auf Haft bis zu 4 Monaten erkannt werden.

Der Herausgeber ist straffrei, wenn er beweist, daß ihm keine Unachtsamkeit zur Last gelegt werden kann.

Bezüglich der Anklage gilt das gleiche wie bezüglich der Anklage wegen der strafbaren Handlung, welche die Druckschrift enthält.

§ 432.

Mit Geldstrafe wird bestraft, wer durch Druckschrift Verhandlungen vor Gerichten oder anderen öffentlichen Behörden so wiedergibt, daß die Wiedergabe infolge von Weglassungen oder Zusätzen oder auf andere Weise vorsätzlich entstellt erscheinen muß, oder wer hierbei mitwirkt.

§ 433.

Wer für beschlagnahmt erklärte oder eingezogene Druckschriften neu auflegt, feilhält, zum Verleih ausbietet oder ihre allgemeine Verbreitung versucht, wird mit Geldstrafe oder mit Gefängnis bis zu 3 Monaten bestraft.

§ 434.

Wer es, alsbald nach begonnener Verteilung oder Versendung von ihm herausgegebener Zeitungen, Zeitschriften oder Flugblätter unterläßt, der Ortspolizei ein Exemplar zuzustellen, wird mit Geldstrafe bestraft.

Diese Vorschrift findet keine Anwendung auf Schriften, welche ausschließlich Kunst, Wissenschaft oder Gewerbebetrieb behandeln, oder Mitteilungen öffentlicher Behörden enthalten.

§ 435.

In den in §§ 432 und 433 behandelten Fällen ist die Schrift stets gemäß den Regeln in § 323 einzuziehen.

In den in §§ 428 und 429 behandelten Fällen kann das gleiche beschlossen werden.

Wer im Laufe eines Jahres 3mal nach einem der Paragraphen 428, 429, 432 oder 433 verurteilt wurde, dem kann durch das Urteil für das letzte Vergehen für einen Zeitraum bis zu 5 Jahren das Recht aberkannt werden, ein Gewerbe als Drucker oder Verleger oder Herausgeber von Zeitungen oder Zeitschriften zu betreiben.

Gerichtsverfassungsgesetz vom 13. August 1915.

§ 131.

Niemand darf ohne zustimmenden Beschluß des Gerichtes öffentlich etwas aus Verhandlungen in Gerichtsterminen, und zwar außerhalb der Hauptverhandlung bei Strafsachen, oder während des der Hauptverhandlung vorangehenden Parteiverhörs im Rechtsstreit, bekanntgeben.

Wenn sonst ein Grund zur Annahme besteht, daß öffentliche Wiedergabe der Verhandlung in einem Gerichtstermin eine schädliche Wirkung auf die Aufklärung oder Beurteilung des Falles haben könnte, kann das Gericht beschließen, daß die Verhandlungen oder bestimmte Teile davon nicht öffentlich wiedergegeben werden dürfen, bevor endgültiges Urteil ergangen ist. Das Verbot ist aufzuheben, sobald angenommen wird, daß der Grund nicht länger besteht.

§ 199.

Mit Geldstrafe wird bestraft, wer bewirkt oder dabei mitwirkt, daß etwas, was in einer Gerichtsverhandlung hinter geschlossenen

Türen verhandelt wurde und geheim gehalten werden soll, Unbefugten bekannt wird, oder daß etwas entgegen den Vorschriften in § 131 öffentlich wiedergegeben wird.

Gesetz über unlauteren Wettbewerb vom 7. Juli 1922.

§ 1.

Bei Ausübung eines Gewerbebetriebes oder im Dienste eines solchen Betriebes ist es nicht erlaubt, zu Wettbewerbszwecken Handlungen vorzunehmen, welche nach guten Geschäftssitten ungebührlich sind.

Wer hiergegen verstößt oder in wessen Diensten dies geschieht, kann durch Klage gezwungen werden, es zu unterlassen. Solche Klage kann nur von dem betreffenden Ministerium oder von Berufsvereinigungen, welchen das Ministerium Klagerecht gemäß diesem Gesetz gegeben hat, erhoben werden. Das Klagerecht kann jederzeit vom Ministerium widerrufen werden.

Das Gericht kann auf Verlangen des Klägers durch einstweilige Verfügung verbieten, daß die Handlung wiederholt wird, solange kein rechtskräftiges Urteil vorliegt. Diese Verfügung kann davon abhängig gemacht werden, daß eine vom Gericht gutgeheißene Sicherheit für den Verlust gestellt wird, welchen die Gegenpartei im Falle ihres Freispruchs durch die Verfügung erlitten haben würde.

Wer gegen eine einstweilige Verfügung verstößt, oder eine Handlung begeht, deren Unterlassung ihm durch rechtskräftiges Urteil auferlegt ist, wird mit Geldstrafe oder Gefängnis bis zu 6 Monaten bestraft.

§ 2.

In Bekanntmachungen, auf Plakaten, in Preislisten, Rundschreiben oder ähnlichen Mitteilungen, sowie in Fakturen, Rechnungen oder ähnlichen Geschäftsdokumenten oder auf Waren oder deren Verpackung, darf über einen Gewerbebetrieb, dessen Waren oder sonstige Umstände, die mit ihm zusammenhängen, nichts Unrichtiges oder Irreführendes angegeben werden, das geeignet ist, den Anschein zu erwecken, als werde ein besonders günstiges Angebot für den Kauf oder Verkauf von Waren, die Ausführung von Arbeiten oder anderen Leistungen gemacht, oder auf andere Weise eine unrichtige Vorstellung des Geschäftes oder der Abrede hervorgerufen, zu welcher eingeladen wird. Als Mitteilungen sind auch bildliche Darstellungen und dergleichen zu betrachten.

Demjenigen, der sich solcher unrichtigen oder irreführenden Angaben bedient hat, oder in dessen Diensten dies geschehen ist, kann durch Klage auferlegt werden, diese Handlung zu unterlassen. Diese Bestimmung findet entsprechende Anwendung auf Zeitungen, Zeitschriften und dergleichen, die Anzeigen oder andere Bekanntmachungen von Ausländern aufgenommen haben, worin eine solche unrichtige oder irreführende Angabe enthalten ist, und auf diejenigen, welche auf andere Weise solche Anzeigen oder Bekanntmachungen gemacht haben, sofern sie trotz schriftlicher Verwarnung die Handlung fortsetzen. Klage kann von jedem erhoben werden, der einen Gewerbebetrieb gleicher oder ähnlicher Art betreibt, ebenso vom zuständigen Ministerium und von Berufsvereinigungen wie in § 1 erwähnt. Die Vorschrift in § 1 über einstweilige Verfügungen findet entsprechende Anwendung.

Wenn eine gewerbetreibende Person oder Gesellschaft Klage nach Maßgabe dieses Paragraphen erheben will, muß diese erst dem zuständigen Ministerium oder der zuständigen Berufsvereinigung (vgl. § 1) zur Äußerung vorgelegt werden. Rät die befragte Stelle von der Klage ab, und wird Klage dennoch erhoben, so kann das Gericht, wenn der Beklagte freigesprochen wird, dem Kläger Schadenersatz auferlegen. In diesem Fall bestimmt das Gericht die Höhe des Schadenersatzes.

Wer gegen die Bestimmung im ersten Abschnitt oder gegen eine einstweilige Verfügung verstößt, wird mit Geldstrafe oder Gefängnis bis zu 3 Monaten bestraft.

Ebenso wird bestraft, wer durch Aushang oder in Bekanntmachungen, Mitteilungen oder Schriften, wie im ersten Abschnitt behandelt, unbefugt norwegische oder ausländische Staats- oder Gemeindewappen benutzt.

§ 8.

Im Kleinhandel dürfen Zugaben nicht angeboten oder gegeben werden, wenn es unter der Voraussetzung geschieht, daß Waren einer gewissen Art, in einer gewissen Menge, für einen gewissen Betrag oder dergleichen gekauft werden. Als Zugabe wird auch betrachtet, wenn für die betreffende Ware ein besonders niedriger Preis berechnet wird. Ebenso rechnen Rabattmarken, Sparmarken und dergleichen als Zugabe.

Demjenigen, der rechtswidrig Zugaben angeboten oder gegeben hat, oder in dessen Diensten es geschehen ist, kann durch Klage auferlegt werden, es zu unterlassen. Diese Bestimmung findet entsprechende Anwendung auf Zeitungen, Zeitschriften und dergleichen, welche Anzeigen oder andere Bekanntmachungen von Ausländern aufgenommen haben, worin ein solches Angebot enthalten war und auf die, welche auf andere Weise solche Anzeigen oder Bekanntmachungen gemacht haben, sofern sie trotz schriftlicher Verwarnung die Handlung fortsetzen.

Klage kann von jedem erhoben werden, der einen Gewerbebetrieb gleicher oder ähnlicher Art betreibt, ebenso vom zuständigen

Ministerium und von Berufsvereinigungen wie in § 1 erwähnt. Die Vorschrift in § 1 über einstweilige Verfügungen findet entsprechende Anwendung.

Wenn eine gewerbetreibende Person oder Gesellschaft Klage nach Maßgabe dieses Paragraphen erheben will, muß diese erst dem zuständigen Ministerium oder der zuständigen Berufsvereinigung (vgl. § 1) zur Äußerung vorgelegt werden. Rät die befragte Stelle von der Klage ab, und wird Klage dennoch erhoben, so kann das Gericht, wenn der Beklagte freigesprochen wird, dem Kläger Schadenersatz auferlegen. In diesem Fall bestimmt das Gericht die Höhe des Schadenersatzes.

Wer gegen die Bestimmung im ersten Abschnitt oder gegen eine einstweilige Verfügung verstößt, wird mit Geldstrafe oder Gefängnis bis zu 3 Monaten bestraft.

§ 9.

Wer über einen Gewerbebetrieb, dessen Inhaber oder eine in dem Betriebe angestellte Person, über die aus dem Betriebe stammenden Waren oder über sonstige mit dem Betrieb in Verbindung stehende Dinge zu Wettbewerbszwecken Angaben macht oder verbreitet, die geeignet sind, dem Betrieb zu schaden, ist zum Ersatz des verursachten Schadens verpflichtet; ferner kann ihm durch Urteil verboten werden, die Handlung zu wiederholen, sofern nicht Beweis dafür geführt wird, daß die Angabe wahr ist.

Hat er gewußt oder wissen müssen, daß die Angabe nicht wahr sei, so wird er mit Geldstrafe oder Gefängnis bis zu 6 Monaten bestraft.

§ 10.

Mit Geldstrafe oder Gefängnis bis zu 1 Jahr wird bestraft, wer in Ausübung eines Gewerbebetriebes oder namens eines solchen Betriebes jemandem, der bei einem anderen angestellt ist oder als dessen Bevollmächtigter auftritt, ohne Vorwissen des letzteren, Geschenke oder andere Vorteile anbietet oder gibt, sofern es zu Wettbewerbszwecken oder sofern es geschieht, um einen sonstigen Vorteil bei der Lieferung von Waren, bei Arbeiten oder anderen Leistungen zu erlangen.

Ebenso wird bestraft, wer bei einem anderen angestellt ist oder als dessen Bevollmächtigter auftritt, wenn er unter Umständen und zu Zwecken, wie im ersten Abschnitt erwähnt, Geschenke oder andere Vorteile oder ein dahingehendes Versprechen von einem Gewerbetreibenden oder einem in dessen Auftrag Handelnden fordert oder empfängt.

Gesetz über die Einfuhr von Apothekerwaren usw. vom 22. Juni 1928.

§ 3.

Übertriebene oder irreführende Reklame für Heilmittel ist verboten. Der König oder der von ihm Bevollmächtigte kann die Ankündigung eines bestimmten Heilmittels, oder von Gruppen von Heilmitteln oder anderen Stoffen, welche als zur Heilung oder Verhütung von Krankheiten geeignet feilgeboten werden, vollkommen verbieten, wenn ein solches Verbot im öffentlichen Interesse nützlich erscheint.

Ohne besondere Erlaubnis des Königs oder des von ihm Bevollmächtigten ist es verboten, Bandagen, elektrische Gürtel oder andere Apparate, welchen medizinische Wirkungen zugeschrieben werden, anzukündigen oder durch Text oder Bild Reklame für solche zu machen.

Es ist verboten, Bekanntmachungen, in denen zur Einfuhr von Apothekerwaren, welche gegen § 1 dieses Gesetzes verstoßen oder welche sonst gegen dieses Gesetz oder die auf Grund dieses Gesetzes zu erlassenden Verordnungen verstoßen, aufgefordert wird, in Zeitungen oder Zeitschriften aufzunehmen oder auf andere Weise zu verbreiten.

Sachregister.

(Die Zahlen bedeuten die Seiten.)

Kolibri 360 GmbH
Ferdinand-Jühlke-Straße 7
99095 Erfurt, Deutschland
produktsicherheit@kolibri360.de